Hinter dem Sachregister befindet sich ein ausführliches Verzeichnis der

Guttentagschen Sammlung

Deutscher Reichs- und Preußischer Gesetze

— Textausgaben mit Anmerkungen; Taschenformat —,

die alle wichtigeren Gesetze in unbedingt zuverlässigem Abdruck und mit mustergültiger Erläuterung wiedergibt.

Guttentagsche Sammlung
Nr. 167. Deutscher Reichsgesetze. Nr. 167.
Textausgaben mit Anmerkungen und Sachregister.

Verordnung gegen Mißbrauch wirtschaftlicher Machtstellungen vom 2. November 1923.

Kommentar

von

Reichsgerichtsrat Dr. W. Staffel.

Berlin und Leipzig 1926.
Walter de Gruyter & Co.
vormals G. J. Göschen'sche Verlagshandlung — J. Guttentag, Verlagsbuchhandlung — Georg Reimer — Karl J. Trübner — Veit & Comp.

Inhaltsverzeichnis.

Verordnung gegen Mißbrauch wirtschaftlicher Machtstellungen.

Vom 2. November 1923[1, 2].

(RGBl. I S. 1067 u. S. 1090.)

Auf Grund des Ermächtigungsgesetzes vom 13. Oktober 1923 (RGBl. I S. 943) verordnet die Reichsregierung:

§ 1.

Verträge[8, 9, 10] und Beschlüsse[7], welche Verpflichtungen über die Handhabung der Erzeugung oder des Absatzes, die Anwendung von Geschäftsbedingungen, die Art der Preisfestsetzung oder die Forderung von Preisen enthalten[6] (Syndikate, Kartelle, Konventionen und ähnliche Abmachungen[3, 4, 5]), bedürfen der schriftlichen Form[11, 12].

1. Die VO. will, wie die Überschrift besagt, dem Mißbrauch wirtschaftlicher Machtstellungen entgegentreten. Als Träger solcher M. faßt sie Kartelle, Syndikate, Konventionen und ähnliche Abmachungen (§ 1) und bei gewissen Maßnahmen auch Einzelunternehmungen und Zusammenschlüsse solcher in Gestalt von Trusts und Interessengemeinschaften (§ 10) ins Auge. Diese Vereinigungen hatten sich durch die Beseitigung eines ungesunden Wettbewerbes, die Verteilung des Kapitalrisikos, die Herstellung günstigerer Bedingungen für die Warenerzeugung usw. den Interessen der beteiligten Wirtschaftskreise förderlich erwiesen. Sie waren jedoch vielfach auch in den Besitz einer den Interessen anderer Wirtschaftsgruppen nachteiligen Monopolgewalt gelangt. Schon seit

mehreren Jahrzehnten traten daher im Schrifttum und im Parlament Bestrebungen hervor, diese schädlichen Einflüsse zu bekämpfen. In den Jahren 1903—1906 veranstaltete aus diesem Anlaß die Reichsregierung eine KEnquete, deren Ergebnisse in einer Denkschrift niedergelegt wurden, die zu einem Eingreifen im Wege der Gesetzgebung noch nicht führte. In der Nachkriegszeit führten Warenknappheit und die mit der Geldentwertung zusammenhängende Festlegung von Werten in Waren sowie die unter dem Drucke der Rohstoffverteuerung, Lohnsteigerung usw. einsetzende Bildung von Konzernen größten Umfangs zu einer gewaltigen Erstarkung der wirtschaftlichen Machtstellung der bezeichneten Verbände. Es wurden aus den Kreisen der Verbraucher und der Kleinhändler Stimmen laut, die für die Bekämpfung der Auswüchse des KWesens und der ihm nahestehenden wirtschaftlichen Erscheinungen eintraten. Nach diesen Kundgebungen, welche in einem Beschlusse des Reichstags auf gesetzliche Regelung der Materie gipfelten, nahm die Regierung, welche bis dahin einen solchen Schritt noch für verfrüht erachtet hatte, den Entwurf eines KG. in Angriff. Auf Grund des ErmächtigungsG. vom 13. Oktober 1923 erließ sie die gegenwärtige Verordnung, die am 20. November 1923 in Kraft trat (§ 23).

2. Die Rechtsgültigkeit der KVO. ist mit Unrecht bestritten worden. Nach § 1 des ErmächtigungsG. durfte die Regierung Maßnahmen wirtschaftlicher Natur, die sie für notwendig und dringend hielt, mit Gesetzeskraft treffen. Eine solche Maßregel stellt die VO. zweifellos dar. Das bezeichnete Gesetz sollte nun zwar nach dessen § 2 mit dem Wechsel der Regierung oder mit der Änderung der parteipolitischen Zusammensetzung der Regierung außer Kraft treten und es ist die Verkündigung der VO. erst erfolgt, nachdem die sozialdemokratischen Mitglieder der Regierung dem Reichspräsidenten ihr Abschiedsgesuch eingereicht hatten. Allein die Änderung der Regierung ist erst mit der nach der Verkündung der VO. erfolgten Entlassung der ausscheidenden Minister eingetreten (Art. 52,

53 RV.). Abgesehen hiervon sind nach dem Gesetz auch schon Verordnungen als gültig anzusehen, bei deren Beschließung die ausscheidenden Minister noch mitgewirkt haben. Das Gesetz sollte die Regierungen in den Stand setzen, die in der damaligen Not des Vaterlandes gebotenen dringlichen Maßregeln schnellstens in die Wege zu leiten. Diesem Zweck entsprechend ist der § 2 dahin zu verstehen, daß die Vollmacht der Regierung aus § 1 alle die gesetzgeberischen Maßregeln deckt, denen die bisherige Regierung noch zugestimmt hat.

3. Die §§ 1—9 der VO. beziehen sich lediglich auf Verträge und Beschlüsse der in § 1 bezeichneten Art. Unter Verträgen sind hier nicht nur schuldrechtliche, also solche zu verstehen, die Verpflichtungen unter den Beteiligten erzeugen, sondern auch Verträge, welche durch Feststellung von Satzungen Körperschaften ins Leben rufen (Gründungsverträge). Immer muß es sich um eine Mehrheit von Personen handeln, die sich zu einem gemeinsamen Zwecke, dem KZweck, sei's in der Form von Gesellschaften, sei's in der Form einer Körperschaft, zusammenschließen. Der KZweck besteht in der Ausschaltung der Nachteile, die den beteiligten Einzelunternehmungen aus ihrem gegenseitigen Wettbewerb, also aus dem Unterbieten der Preise, dem Überflügeln in den Lieferungsbedingungen usw. erwachsen. Die Schäden des Interessenkampfes sollen durch eine Interessenregulierung hintan gehalten werden. Eine Kartellierung (Syndizierung) setzt daher voraus, daß die Vertragschließenden nicht nur rechtlich, sondern auch wirtschaftlich selbständig sind und nach dem Vertragsschluß selbständig bleiben. Denn ohne eine wirtschaftliche Selbständigkeit der Beteiligten keine selbständige Willensbildung und deshalb kein Wettbewerb. Dieses Moment ist wichtig für die Abgrenzung des sachlichen Anwendungsgebietes der §§ 1—9 gegenüber dem Anwendungsbereich des § 10. Jene Vorschriften gelten für Kartelle, Syndikate und ähnliche Abmachungen. Diese Bestimmung will neben den bezeichneten Verbänden auch Interessengemeinschaften, Trusts und Einzelunternehmungen

ergreifen. Die Grenze des Herrschaftsgebietes ist damit für die beiden Gruppen von Vorschriften nicht genau bezeichnet. Das hauptsächlichste Kennzeichen der Interessengemeinschaften ist der Zusammenschluß mehrerer Unternehmungen unter der Vereinbarung, daß die Gewinne der Beteiligten zusammengelegt und ebenso wie die Verluste nach einem bestimmten Maßstabe unter den Gemeinschaften verteilt werden. Es liegt im Wesen der JG., daß die Unternehmungen den wirtschaftlichen Kampf untereinander vermeiden und daß keine von ihnen einen Vorsprung vor den anderen durch Erzielung günstigerer Lieferungsbedingungen, Preise usw. zu erzielen sucht. Diesen Zug haben sie mit den K. gemein. Mit dem Zusammenschluß opfern indessen die Gemeinschafter nicht selten ihre wirtschaftliche Selbständigkeit, so daß sie trotz dieser Verwandtschaft mit den K. dem Herrschaftsgebiet der §§ 1—9 entzogen sind. Sie werden nämlich bald so gebildet, daß die Verwaltungen und Betriebsführungen der einzelnen Unternehmungen aufrechterhalten beiben also so, daß für sämtliche Unternehmungen des Konzerns Gemeinschaftsorgane geschaffen werden. Zu diesem Zwecke wird entweder eine sog. Dach- oder Spitzengesellschaft gegründet, oder es wird die Geschäftsleitung auf eine der Unternehmungen übertragen. Die Selbständigkeit der Unternehmungen bleibt in solchen Fällen nach außen grundsätzlich unberührt. Nach innen wird sie jedoch durch Bindung der einzelnen Unternehmer an die Beschlüsse der Gemeinschaftsorgane und durch Festsetzung von Vertragsstrafen usw. stark eingeengt. Es ist Sache der Beurteilung des einzelnen Falles, ob hierdurch die wirtschaftliche Selbständigkeit der Partner beseitigt wird. Mehr oder weniger weitgehende Betriebsverschmelzungen werden zu rationellerer Gestaltung der Warenerzeugung auch herbeigeführt durch pachtweise Überlassung von Unternehmungen an eine führende Firma oder eine zu diesem Behufe gebildete besondere Gesellschaft oder dadurch, daß z. B. eine Aktiengesellschaft ihrem Gründungszweck entsprechend die Mehrheit der Aktien einer anderen erwirbt („holding company") und sich auf diesem Wege einen maßgebenden Einfluß auf deren Wirtschaftsführung sichert, oder endlich dadurch, daß mit Hilfe des gegenseitigen Austausches von Aktien mehrerer Unternehmungen der einen Einfluß auf die Geschäftsgebarung der anderen eingeräumt wird. Auch hier kann ein zuverlässiges Urteil darüber, ob die wirtschaftliche Selbständigkeit noch fortbesteht, nur durch die Prüfung des Einzelfalles erzielt werden. Hat die Verschmelzung eine restlose Aufhebung der wirtschaftlichen Selbständigkeit der zusammengeschlossenen Unternehmungen hervorgerufen, so liegt ein Trust vor, dessen ausgeprägteste Form beim Aufgehen der einen Unternehmung in der anderen (Fusion) gegeben ist. — Aus dem Dargelegten folgt, daß eine dauernde Geschäftsverbindung, welche auf dem Abkommen beruht, daß eine Anzahl von Lieferanten verpflichtet ist, einem Abnehmer die gesamten ihnen zur Verfügung stehenden Waren einer bestimmten Art abzulassen, nicht unter die §§ 1—9 fällt. Es fehlt hier an dem gemeinschaftlichen KZweck.

4. Von Bedeutung ist für die Abgrenzung des Anwendungsbereichs der §§ 1—9 auch die Frage, ob die Vereinigung von Unternehmungen ein solcher Machtfaktor ist, daß von ihm ein Mißbrauch seiner Stellung im wirtschaftlichen Leben zu besorgen ist. Gefahr in diesem Sinne kann, nicht muß drohen von Vereinigungen, die nicht einen dauernden, sondern einen mehr oder weniger vorübergehenden Einfluß auf den Markt ausüben. Hierher gehören Gesellschaften, welche für ein Einzelgeschäft oder mehrere solche gegründet werden, deren Wagnis und deren Erträgnis auf die beteiligten Unternehmungen verteilt werden sollen (Konsortien). Sie treten bald nach außen handelnd hervor, bald bleiben sie auf inneres Leben beschränkt und nehmen durch einen Geschäftsführer oder eine Treuhandgesellschaft, welche auf ihre Rechnung aber in eigenem Namen mit Dritten abschließt, am Verkehr teil. Insbesondere kommen als solche Gelegenheitsvereinigungen Ringe in Be-

tracht, welche durch das Aufkaufen von Waren eine Steigerung der Preise und dadurch die Erzielung von Gewinn herbeizuführen trachten. Ob solche Zusammenschlüsse von §§ 1—9 erfaßt werden, hängt wesentlich davon ab, ob ihr wirtschaftlicher Einfluß sich über die Beteiligten hinaus auf die gesamte Volkswirtschaft erstreckt.

5. Ein weiteres Merkmal für die Bestimmung des Anwendungsbereichs der §§ 1—9 bildet der freie Zusammenschluß der Unternehmer zu den in Betracht kommenden Vereinigungen. Verbände, deren Bildung in Gesetzen oder in Ordnungen angeordnet ist (ZwangsK.), fallen nicht unter die Bestimmung der KVO. Näheres hierüber s. bei § 19.

6. Ferner wird das Geltungsgebiet der §§ 1—9 umschrieben durch die im § 1 enthaltenen Inhalts-Bestimmungen der Verträge. Daß neben diesem Inhalt der wirtschaftliche Zweck der Verträge keine selbständige Bedeutung für die Abgrenzung habe, weil in der Regel so beinhaltete Verträge dem Zwecke der Ausschaltung des Wettbewerbs unter Erlangung einer wirtschaftlichen Machtstellung dienten, kann nicht anerkannt werden. Die Heranziehung des Zweckes ist, wie bei der Auslegung der Gesetze im allgemeinen, so auch hier unvermeidlich. — Verträge des bezeichneten Inhalts setzen Unternehmer als Vertragsschließende voraus. Der Unternehmerbegriff ist dabei im weitesten Sinne zu nehmen, so daß auch Unternehmer kleinerer Betriebe — Handwerker u. dgl. — in Betracht kommen. Nichtgewerbliche Unternehmer, insbesondere Angehörige der freien Berufe, umspannt er dagegen nicht. Insbesondere fallen nicht unter den Begriff Ärzte und Rechtsanwälte, weil diesen die Standesordnungen und das bürgerliche Recht (vgl. § 138 BGB.) schon ausreichende Mittel zur Bekämpfung schädigender Einflüsse von Vereinigungen an die Hand geben. Die Verträge, welche in den in § 1 bezeichneten Richtungen die Beteiligten nicht binden, ihnen vielmehr gewisse Verhaltungsweisen nur anempfehlen oder etwa unter Appellierung an das Ehrgefühl zur Pflicht machen,

fallen ebenfalls nicht unter die VO., ebensowenig die sog. Exklusivverträge mit nur einseitiger Bindung, die also keinen gegenseitigen Schutz gegen Wettbewerb gewähren, z. B. die Verträge, durch welche sich Abnehmer gegen die Zusicherung begünstigender Behandlung in bezug auf die Lieferungsbedingungen verpflichten, nur von einem bestimmten Fabrikanten zu kaufen. — Verpflichtungen über die Handhabung der Warenerzeugung sind solche, welche die Beteiligten entweder auf die Herstellung bestimmter Arten von Erzeugnissen oder auf die Herstellung bestimmter Mengen beschränken (Fertigungs- und KontingentierungsK.). — Verpflichtungen über die Handhabung des Absatzes sind hauptsächlich in solchen KVerträgen enthalten, welche in den verschiedensten Gestalten die Zentralisation des Absatzes der KMitglieder regeln oder ihnen verschiedene Absatzgebiete oder verschiedene Kunden zuteilen (Verkaufssyndikate, Gebiets- und KundenschutzK.). — Die Anwendung der Geschäftsbedingungen kann geregelt werden durch Festsetzung von Vertragsklauseln für den Ein- oder den Verkauf von Waren, und zwar sowohl hinsichtlich der Leistung, wie der Gegenleistung (KonditionenK.). — Die Art der Preisfestsetzung und die Forderung von Preisen sind Gegenstand der Vereinbarung bei K., welche ihren Mitgliedern die Einhaltung von Mindestpreisen, bestimmte Arten der Preisberechnung, Beschränkungen in der Gewährung von Zahlungszielen und in der Preisstellung zur Pflicht machen. Von allen K. sind die PreisK. die zahlreichsten. Zu ihnen gehören auch die sog. SubmissionsK., welche die Mitglieder verpflichten, bei der Bewerbung eines Mitgliedes um einen Auftrag zur Sicherung des Erfolgs Schutzangebote, d. h. höhere Angebote abzugeben. Meist treten die PreisK. nicht rein auf, sondern sind mit KonditionenK. verbunden, wie denn überhaupt die meisten K. verschiedene K-Typen in sich vereinigen. — Unter keine der in § 1 aufgeführten Arten von Vereinigungen fallen Arbeitgeber- und Arbeitnehmerverbände, die nicht wirtschaftspolitische Ziele verfolgen, sondern Vorteile im Lohnkampf erringen wollen. (Entsch. Nr. 20 in der Samml. d. Entsch. des KG., herausg. von der KStelle der d. Ind.) Auch Tarifverträge gehören deshalb nicht hierher, desgl. nicht die sog. Allianzverträge — d. h. Abkommen zwischen Arbeiter-Gewerkschaften und -K. des Inhalts, daß nur organisierte Arbeiter eingestellt werden sollen und daß nur bei Unternehmern, die KMitglieder sind, gearbeitet werden soll.

7. Beschlüsse sind im Gegensatz zu Verträgen, die auf der Willenseinigung der beteiligten Personen beruhen, Willensentschließungen, welche die Verbandsmitglieder nicht mit Rücksicht auf deren Zustimmung, sondern kraft ihrer Unterwerfung unter den Gesellschaftsvertrag, oder bei Verbänden mit korporativer Verfassung kraft ihrer Unterwerfung unter die Satzungen binden. Sie sind entweder grundlegende oder Durchführungsbeschlüsse. Zu diesen zählt namentlich die Verhängung von Sperren und sonstigen Zwangsmitteln gegen Mitglieder und Dritte. Auch Satzungsänderungen, soweit sie die Mitglieder vermöge ihrer Unterordnung unter die Satzung binden, sind hierher zu rechnen. Nur Beschlüsse von Vereinigungen, welche den Anforderungen unter 3 genügen, fallen unter die §§ 1—9. Was unter 4—6 von Verträgen ausgeführt wurde, ist entsprechend anzuwenden. Namentlich müssen die Beschlüsse verpflichtenden Charakter tragen und einen der in § 1 gekennzeichneten Gegenstände zum Inhalt haben. Beschlüsse, welche außerhalb dieses Gebietes liegende Angelegenheiten betreffen, insbesondere sich lediglich als organisatorische Maßnahmen darstellen, scheiden hier aus.

8. Die Beteiligten vereinigen sich zur Erreichung des KZwecks entweder im Vertragswege oder im Wege der Körperschaftsbildung. Erfolgt die Regelung durch Vertrag, so ist für die Annahme, daß nur ein gesellschaftsähnlicher Vertrag oder eine Reihe von Einzelverträgen vorliegt, kaum mehr Raum. Wenn jeder der Vertragschließenden mit dem Vertrag seinen eigenen Vorteil verfolgt, so fehlt es am gemeinsamen Zweck (§ 705 BGB.). Hier liegt die Grenze des K. gegenüber

einem langfristigen Lieferungsvertrag (Beispiel: Mehrere Fabrikanten verpflichten sich, den Bedarf eines Händlers in den nächsten drei Jahren anteilig zu decken). — Die Wahl der Rechtsform hängt wesentlich von der Art und dem Inhalt der kartellmäßigen Abmachungen sowie von dem Maße der erstrebten Bindung ab. Im wesentlichen sind es die Gesellschaft des bürgerlichen Rechts, der nicht rechtsfähige und der eingetragene Verein sowie die GmbH., welche das Gewand für die K. hergeben. Bei einfacheren Vereinbarungen und der Zulänglichkeit loserer Bindung für den KZweck reichen die 3 zuerst erwähnten Rechtsformen aus. Für verwickeltere Vereinbarungen und bei der Notwendigkeit strengerer Gebundenheit wird der GmbH. der Vorzug vor der Aktiengesellschaft gegeben. Diese erfreut sich wegen der Schwierigkeiten der Gründung und der Einziehung der Mitgliederrechte (§§ 219, 227 HGB., § 34 GmbHG.), des Zwangs zur regelmäßigen Veröffentlichung der Jahresbilanzen (§ 265 HGB., § 41 Art. 4 GmbHG.) keiner Beliebtheit. In der Regel wird die AG. nur zur Organisation von Verkaufsstellen (s. u.) verwendet. Auch die Form der eingetragenen Genossenschaft wird nur selten gewählt. Die Preis- und die KontingentierungsK. ohne zentralisierten Absatz kleiden sich meist in die Form der Gesellschaft des bürgerlichen Rechts oder des Vereins. Die Eintragung eines solchen Vereins in das Vereinsregister ist zulässig, weil er nicht auf einen wirtschaftlichen Geschäftsbetrieb gerichtet ist. Er will nur die wirtschaftliche Lage seiner Mitglieder fördern, nicht aber eine auf den Erwerb wirtschaftlicher Vorteile gerichtete Geschäftstätigkeit entfalten (vgl. RGZ. Bd. 83 S. 235, 237, Bd. 95 S. 94). — Die KontingentierungsK. mit zentralisiertem Absatz (sog. VerkaufsK.) werden entweder so organisiert, daß die Verbandsmitglieder durch eine Satzungsbestimmung — § 3 Abs. 2 GmbHG., § 212 HGB., § 18 GenossenschaftsG. — oder außerhalb der Satzungen zur Ablieferung ihrer Erzeugnisse an eine Verkaufsstelle verpflichtet werden. Im ersteren Falle sind die ihnen auferlegten Pflichten gesellschaftlicher Natur (Nebenleistungsgesellschaften), im zweiten sind die Verpflichtungen solche aus vertraglichen Nebenabreden. Die innerhalb des K. stehende Verkaufsstelle ist entweder ein mit der Geschäftsführung des Verbandes beauftragtes KMitglied oder eine besondere Gesellschaft. Im letzteren Falle besteht eine sog. Doppelgesellschaft. Neben der Gesellschaft des Bürgerlichen Rechts oder dem nicht rechtsfähigen Verein, zu welchem die KMitglieder vereinigt sind, steht die meist als GmbH. oder als AG. gestaltete Verkaufsstelle. Sie führt die Geschäfte des K. und tritt damit nach außen im eigenen Namen auf. Im inneren Verhältnis ist sie Gesellschafterin der übrigen KMitglieder. Ihr Beitrag zu dem Gesellschaftszweck besteht in der Erfüllung der von ihr übernommenen Aufgaben. Zur Veranschaulichung wird auf RGZ. Bd. 47 S. 149, 73 S. 429, 74 S. 33, 79 S. 333, 108 S. 20, Z. f. Markensch. u. Wettb. Bd. 18 S. 17 verwiesen. — Ob und wieweit das Schicksal des KVertrags und seiner organisatorischen Bestimmungen untrennbar zusammenhängt, ist nicht durchweg unstreitig. Sicher ist, daß die Zertrümmerung der Rechtsform die des KVertrags nach sich zieht. Wird der Gesellschaftsvertrag oder der nicht rechtsfähige Verein, in welchen das K. eingekleidet ist, durch Aufkündigung oder den Austritt eines Mitgliedes aufgelöst (vgl. §§ 723, 736, 54 S. 1 BGB.) oder wird die AG. oder die GmbH. mit Nebenleistungspflichten, welche das Gewand für den KVerband abgibt, auf eine Klage aus § 309 HGB., §§ 75, 61 GmbHG. für nichtig erklärt oder aufgelöst, so entfällt damit die wesentliche Unterlage für den KVertrag. Zweifelhaft dagegen ist es, ob die Nichtigkeitserklärung gemäß § 4 Nr. 1 VO. und die Kündigung auf Grund der Anordnung aus § 4 Nr. 2 oder aus § 8 neben dem KVerhältnis auch die organisatorischen Bestimmungen, also den neben den KBeziehungen noch bestehenden, sich aus der Rechtsform ergebenden Komplex von Rechten und Pflichten ergreift, insbesondere bei der NebenleistungsAG. oder NebenleistungsGmbH. die

Mitgliedschaftsrechte. An sich bilden die beiden Vertragsbestandteile ein unlösbares Ganze. Sie sind bei den Nebenleistungsgesellschaften zusammengehörige Bestandteile des Gesellschaftsvertrags und, wenn das K. in der Form einer bürgerlichen Gesellschaft oder eines nicht rechtsfähigen Vereins oder einer Doppelgesellschaft auftritt, in der Regel schon kraft des Parteiwillens eine untrennbare Einheit. Allein die KVO. nimmt hierauf keine Rücksicht. Sie faßt als Gegenstand der Nichtigkeitserklärung und der Kündigung nur Verträge und Beschlüsse der in § 1 bezeichneten Art, also nur das KVerhältnis ins Auge und überläßt die Frage, wie sich das Schicksal der übrigen Vertragsbeziehungen gestaltet, der Beurteilung nach den für die jeweilige Rechtsform in Frage kommenden Bestimmungen (E. Nr. 1, 9 u. 45). Damit gibt sie zu erkennen, daß sie den KVertrag von dem Rechtsverhältnis im übrigen abgesondert behandelt wissen und der Nichtigkeitserklärung und der Kündigung keine über jenen hinausreichende Tragweite einräumen will. Unentwirrbare Verwicklungen ergaben sich hieraus nicht. Im Falle der Nichtigkeitserklärung wird auch das Gesellschaftsverhältnis zerstört, weil dessen Zweck unerreichbar wird (§§ 726, 54 BGB.), oder es kann die Auflösung der Gesellschaft aus diesem Grunde beschlossen werden (§ 292 Nr. 2 HGB., § 60 Nr. 2 GmbHG.). Um das kündigende Mitglied aber, das durch seine Kündigung nicht die Auflösung des KVerbandes, sondern nur sein Ausscheiden aus diesem herbeiführt (s. u. § 8 Anm. 1), auch seiner Mitgliedschaftsrechte zu entkleiden, können die Gesellschaften des bürgerlichen Rechts oder der nicht rechtsfähige Verein beim Vorliegen der Voraussetzungen der §§ 723, 737 den Kündigenden unter Abfindung nach § 738 ausschließen. Bei Nebenleistungsgesellschaften kann in der Satzung eine Bestimmung vorgesehen werden, wonach die Gesellschaft die Aktien oder den Geschäftsanteil des Kündigenden gegen Gewährung des Guthabens, welches diesem im Falle der Auflösung der Gesellschaft zustehen würde, einziehen kann (§ 227 HGB., § 34 GmbHG.). Die Einziehung ohne Abfindung des Kündigenden kann nicht vereinbart werden (§ 9 Abs. 7 VO.).

9. Es ist zwar davon auszugehen, daß auf die in der VO. geregelten Tatbestände nur die dort getroffenen Vorschriften und nicht auch Bestimmungen des BGB., HGB. oder sonstiger Gesetze zur Anwendung kommen. Die Voraussetzungen des gültigen Zustandekommens von KVerträgen und Beschlüssen regelt jedoch die VO. nur in den aus §§ 1—3 erkennbaren Richtungen. Im übrigen beurteilt sich das zulässige Maß der Bindung hauptsächlich nach § 138 BGB., welcher KVerträge, die auf die Erlangung tatsächlicher Monopole oder die wucherische Ausbeutung der Verbraucher gerichtet sind oder die wirtschaftliche Selbständigkeit der Mitglieder in ruinöser Weise beschränken, ungültig erscheinen läßt (RGZ. Bd. 28 S. 238, 38 S. 158, 102 S. 396, 103 S. 82). Auch eine zuweitgehende Einschränkung des Individualrechts des Gewerbebetriebs (§ 1 GewO.) hat die Rechtsunwirksamkeit zur Folge (RGZ. Bd. 38 S. 159). Gegen unzulässigen Organisationszwang, der als innerer das K. gegen die Verletzung der KPflichten von seiten der Mitglieder schützt, als äußerer die Außenseiter zum Anschluß bewegen soll, kann ebenfalls aus § 138 sowie aus § 826 BGB. im Klagewege vorgegangen werden. Die §§ 8, 9 VO. gewähren gegen übermäßigen Organisationszwang, der von gültig errichteten Verbänden ausgeht, Schutz. Unstatthaft ist der Zwang, der mit unsittlichen Mitteln ausgeübt wird oder zur wirtschaftlichen Vernichtung des Gegners oder zu Nachteilen für diesen führt, die zu den erstrebten Vorteilen in keinem angemessenen Verhältnis stehen (RGZ. Bd. 104 S. 333). — Für die Auflösung von GmbH., AG., Erw.- und WirtschGenossenschaften, Vereinen ist durch § 4 VO. auch in den Fällen, in welchen eine Gefährdung des Gemeinwohls oder der gesamten Wirtschaft durch gesetzwidrige Beschlüsse und Handlungen vorliegt, zur Genüge vorgesorgt, so daß beim Vorliegen dieser Tatbestände für die §§ 43 Abs. 1 BGB., 62 GmbH., Art. 4 Preuß. AG. z. HGB.,

§ 81 GenG. kein Raum ist. Die Zulassung des vor anderen Behörden als das KG. gehörenden Auflösungsverfahren würde in diesem Falle dem mit § 12 Abs. 1 VO. verfolgten Zwecke widerstreben. Sie würde auch dem in § 19 zutage tretenden Bestreben der VO., die nebeneinander bestehende Zuständigkeit mehrerer Behörden und das Ergehen widersprechender Entscheidungen zu vermeiden, zuwiderlaufen.

10. Die VO. ergreift auch die vor ihrem Inkrafttreten geschlossenen K. Die Vorschrift des § 1 kommt auf solche jedoch nur mit den aus § 21 sich ergebenden Maßgaben zur Anwendung. (Näheres hierüber s. d.)

11. Verträge und Beschlüsse der in § 1 bezeichneten Art unterliegen der Schriftform. Steht ein solcher Vertrag mit anderen Vereinbarungen dergestalt im Zusammenhang, daß die Parteien das eine Abkommen nicht ohne das andere getroffen hätten — wie es in bezug auf die organisatorischen Bestimmungen des KVertrags immer zutreffen wird — so ist das Vertragsganze formbedürftig. Erfolgt die Organisation in der Form einer Nebenleistungs-AG. oder -GmbH. —, so ist sogar gerichtliche oder notarielle Beurkundung erforderlich (§ 3 Abs. 2 GmbHG., § 212 HGB.). Nur KPflichten begründende, nicht auch aufhebende Verträge unterliegen dem Schriftzwang. Begründende Verträge sind auch solche, durch welche nach einer wirksamen Kündigung die Auflösung des K. rückgängig gemacht wird. Das Nähere über die Erfüllung des Form-Erfordernisses ergibt sich aus § 126 BGB., der für alle Fälle, wo die Schriftform durch eine Rechtsnorm vorgeschrieben ist, maßgebend sein soll (RGZ. 74 S. 70 E. Nr. 56). Es muß deshalb dieselbe Urkunde von den Beteiligten unterzeichnet werden oder es muß im Falle des Austausches mehrerer gleichlautender Urkunden jede Partei das für die andere bestimmte Schriftstück vollziehen. Vertragsabschluß durch Auswechslung von Briefen u. dgl. genügt nicht. Die Unterschrift muß herrühren von dem Aussteller, also dem, der die Erklärung abgibt, im Falle der rechtsgeschäftlichen Vertretung demnach vom Vertreter, der mit dem Namen des Vertretenen ohne Kennbarmachung seiner Vertretereigenschaft oder bei Erkenntlichkeit des Vertretungsverhältnisses aus der Urkunde mit dem eigenen Namen unterzeichnen kann (RGZ. Bd. 74 S. 69, 81 S. 2). Unterzeichnung durch einen bloßen Schreibgehilfen genügt nicht (RGZ. Bd. 58 S. 387). Die schriftliche Form wird durch die gerichtliche oder notarielle Beurkundung ersetzt (§ 126 Abs. 3). Auf Beschlüsse ist § 126 BGB. unanwendbar, weil sie nicht rechtsgeschäftliche Erklärungen, sondern Darstellungen des Gemeinwillens sind (RGZ. Bd. 101 S. 79). Die Bedeutung des Gebotes der Schriftform ist hier aus deren Zwecke zu entnehmen. Sie soll die Herstellung einer sicheren Unterlage für die Ausübung der Aufsicht über die K. gewährleisten. Dazu gehört neben einer verläßlichen Beurkundung des Beschlusses die Feststellung der Personen, welche im Sinne des Beschlusses stimmen, und der Personen, welche dabei in leitender oder beratender Stellung mitwirken (vgl. § 5). Die Schriftform im Sinne des § 1 ist daher gewahrt, wenn diese Personen den Beschluß unterzeichnen. Wenn andere Gesetze oder Satzungsbestimmungen durch das Erfordernis der gerichtlichen oder notariellen Beurkundung ein strengeres Gültigkeitserfordernis aufstellen, so ersetzt demnach dessen Beobachtung die Form des § 1 nur, wenn das Protokoll zugleich jene Personen nennt (vgl. § 259 Abs. 3 HGB., wo nur die Beifügung des Aktionärverzeichnisses gefordert wird und § 48 GmbHG. sowie § 53 das. verb. mit § 55 Abs. 1 Preuß. FGG.).

12. Die Frage des räumlichen Herrschaftsbereichs des § 1 ist eine Frage des internationalen Privatrechts. Sie beantwortet sich daher nach der Vorschrift in Art. 11 EG. z. BGB., die begrenzt wird durch Art. 30. Für das „den Gegenstand des Rechtsgeschäftes bildende Rechtsverhältnis" ist maßgebend das Personalstatut des K.-Verbandes, d. h. das Recht des Staates, in welchem sich der Sitz der Zentralverwaltung befindet. Wird ein K., dessen Geschäftsführung vom Ausland aus erfolgen soll,

in Deutschland errichtet oder ein inländisches Kartell im Ausland begründet, so genügt die Beobachtung der Form des ausländischen Gesetzes. Wenn auch in dem zweiten und nach Befinden auch in dem ersten Fall — man denke an ein ausländisches K. mit einer inländischen Niederlassung — der Zweck des § 1, die Ermöglichung der Aufsichtsführung durch die deutschen Behörden, gefährdet wird, so bietet dies doch zur Anwendung des Art. 30 keinen Anlaß. Denn es handelt sich bei der Gewinnung der Unterlagen für die Überwachung um keine grundlegende Lebensbedingung der deutschen Wirtschaft (RGZ. Bd. 60 S. 296). Alles dies gilt auch von KVerbänden, die nicht juristische Personen sind. Bei ihrer nahen Verwandtschaft mit den Körperschaften müssen sie als solche behandelt werden, wenn bei dem Mangel passender Grundsätze des internationalen Schuldrechts (Maßgeblichkeit des Erfüllungsortes usw.) eine geeignete Lösung gefunden werden soll.

§ 2.

Verträge und Beschlüsse der in § 1 bezeichneten Art, zu deren Bekräftigung das Ehrenwort oder eine ähnliche feierliche Versicherung verlangt und gegeben worden ist[1], sind nichtig[2, 3].

1. Für das bürgerliche Recht hat sich der Grundsatz herausgebildet, daß die ehrenwörtliche Bestärkung von Vertragspflichten sittenwidrig ist und den Vertrag nichtig macht, es sei denn, daß die ehrenwörtliche Bindung ausgesprochen unehrenhafte Handlungen verhindern soll (RGZ. Bd. 78 S. 258). Die Sicherung von Geldinteressen durch Verpfändung des Ehrenwortes ist deshalb regelmäßig unstatthaft. Es widerstrebt dem sittlichen Empfinden, den Versprechenden auch im Falle einer unverschuldeten oder einer auf geringem Verschulden beruhenden Zuwiderhandlung gegen den Vertrag dem Vorwurf der Ehrlosigkeit auszusetzen. Der § 2 verfolgt einen anderen Zweck. Er mißbilligt die Ausübung eines Ge-

wissenszwanges durch das Ehrenwort, weil die KMitglieder sich unter diesem Zwang von der Anrufung der Aufsichtsbehörde (§ 4) oder der Kündigung (§ 8) leicht abhalten lassen. Die Voraussetzungen der Nichtigkeit sind deshalb hier anders gestaltet, als sich aus § 138 BGB. ergibt. Es wird verlangt, daß die ehrenwörtliche oder eine andere feierliche Versicherung ausdrücklich oder durch schlüssiges Verhalten — gefordert und gegeben ist, und es wird eine solche Versicherung selbst dann für unzulässig erklärt, wenn an sich schutzwürdige Interessen vorliegen, welche die Abforderung und Abgabe des Ehrenworts rechtfertigen, z. B. wenn ein PreisK. zur Verhinderung des Ruins eines ganzen Fabrikationszweiges geschlossen wird. Wegen des verschiedenen Zweckes ist der § 2 nicht als Sondervorschrift gegenüber § 138 Abs. 1 anzusehen, sondern es sind beide Vorschriften nebeneinander anwendbar. Das Verhältnis ist also ein anderes als das zwischen § 138 Abs. 1 und Abs. 2. — Auf Beschlüsse ist wegen des fehlenden rechtsgeschäftlichen Charakters nur § 2 anzuwenden, es sei denn, daß die Beschlüsse — was möglich ist, RGZ. Bd. 68, S. 242 — zugleich Rechtsgeschäfte enthalten, z. B., daß die Mehrheit der Generalversammlung unter Mißbrauch ihrer satzungsmäßigen Befugnisse einer Gruppe von KMitgliedern freiere Hand einräumt als der anderen.

2. Ob der Nichtigkeitsgrund des § 2 auch andere Bestandteile des Vertrags ergreift, dem die KAbreden einverleibt sind, ist an sich nach § 139 BGB. zu entscheiden. Bei K., die in der Form einer Nebenleistungs-AG. oder -GmbH. oder einer Genossenschaft auftreten, ist jedoch folgendes zu beachten. Zwar können neben den in den einschlagenden Gesetzen aufgeführten Nichtigkeitsgründen auch andere derartige Gründe geltend gemacht werden. Aber wie aus §§ 309f. HGB., §§ 75f. GmbHG., §§ 94f. GenG. zu entnehmen ist, tritt die Nichtigkeit, da die Eintragungen in die Register die Kreditgrundlage für die Gesellschaften usw. abgeben, nur in den Grenzen der §§ 311, 77 99 a.a.O. ein (RGZ. Bd. 83 S. 265). Entsprechendes

ist anzunehmen, wenn das K. in die Form eines eingetragenen Vereins gekleidet ist.

3. K.n, die im Ausland ihren Sitz haben, ist, falls die Voraussetzungen des § 2 zutreffen, in Deutschland die Anerkennung zu versagen, wenn auch das ausländische Recht an der feierlichen Bekräftigung keinen Anstoß nimmt. Schon die Möglichkeit, daß die feierliche Versicherung auf deutsche Unternehmer die von der VO. bekämpfte, unter 1 erwähnte Wirkung ausübt, nötigt hierzu.

§ 3.

Verträge und Beschlüsse der im § 1 bezeichneten Art sind nichtig, wenn sie die Anrufung des Kartellgerichts (§ 11) ausschließen, erheblich erschweren oder die Wirksamkeit dieser Verordnung in anderer Weise vereiteln oder beeinträchtigen sollen[1].

1. § 3 soll die völlige oder teilweise Lahmlegung der Vorschriften der VO. verhindern, die zum Schutze gegen den Mißbrauch wirtschaftlicher Machtstellungen aufgestellt sind. Nicht unter die Vorschrift fallen Vereinbarungen, die Erschwerungen in der Ausübung des Kündigungsrechts bezwecken. Sie sind lediglich aus der Sondervorschrift des § 9 Abs. 7 zu beurteilen und können daher nicht als voll, sondern nur als relativ unwirksam angesehen werden, so daß es vom Willen des Kündigenden abhängt, ob er die Unwirksamkeit gelten lassen will (s. Anm. 4 zu § 9). Diese Sondervorschrift ist auch auf Vereinbarungen des Inhalts anzuwenden, daß der Kündigende, falls die Kündigung vom KG. nicht als wirksam anerkannt wird (§ 8 Abs. 3), eine Vertragsstrafe oder Schadensersatz zahlen soll. Solche Vereinbarungen können gültig nur für den Fall getroffen werden, daß die unzulässige Kündigung *schuldhaft* (§ 276 BGB.) ausgebracht wird. Entsprechend anzuwenden dürfte der § 9 Abs. 7 auch auf Verabredungen sein, welche an die Ausübung des Rücktrittsrechts gemäß § 10 Nachteile knüpfen. Unter den § 3 sind dagegen zu bringen Abreden,

welche die Anregung eines Einschreitens aus § 4 oder § 10 verhindern sollen, ferner die im § 3 ausdrücklich hervorgehobenen Verträge, welche die Anrufung des KG. ausschließen oder erheblich erschweren sollen (vgl. auch § 12 Abs. 1). Macht es daher ein Vertrag dem Beteiligten zur Pflicht, in Streitfällen, für die das KG. zuständig ist, vor dessen Anrufung eine Schlichtungsstelle mit der Angelegenheit zu betrauen, so ist er ungültig, es sei denn, daß die Durchführung des Verfahrens vor dem KG. hierdurch nicht erheblich verzögert wird. — „Soll" ist nicht im Sinne des Gewolltseins, sondern dahin aufzufassen, daß die Verträge und Beschlüsse ihrem Inhalt nach objektiv geeignet sind, die Wirksamkeit der VO. auszuschließen oder zu beeinträchtigen.

§ 4.

Gefährdet[2] ein Vertrag oder Beschluß der im § 1 bezeichneten Art oder eine bestimmte Art seiner Durchführung die Gesamtwirtschaft oder das Gemeinwohl[2], so kann[1] der Reichswirtschaftsminister

1. beim Kartellgericht beantragen, daß der Vertrag oder Beschluß für nichtig erklärt oder die bestimmte Art seiner Durchführung untersagt wird (§ 7[3]);
2. anordnen, daß jeder an dem Vertrag oder Beschluß Beteiligte jederzeit fristlos den Vertrag kündigen oder von dem Beschlusse zurücktreten kann[4];
3. anordnen, daß ihm Abschrift aller zur Durchführung des Vertrages oder Beschlusses getroffenen Vereinbarungen und Verfügungen einzureichen ist und daß diese Maßnahmen erst nach Zugang der Abschrift in Kraft treten[5].

Die Gesamtwirtschaft oder das Gemeinwohl ist insbesondere dann als gefährdet anzusehen, wenn in volkswirtschaftlich nicht gerechtfertigter Weise die Erzeugung oder der Absatz eingeschränkt, die Preise gesteigert oder hochgehalten oder im Falle wertbeständiger Preisstellung Zuschläge für Wagnisse (Risiken) eingerechnet werden, oder wenn die wirtschaftliche Freiheit durch Sperren im Einkauf oder Verkauf oder durch Festsetzung unterschiedlicher Preise oder Bedingungen unbillig beeinträchtigt wird[2, 6].

1. Die grundlegende Erwägung, auf der sich die VO. aufbaut, ist die, daß die K. durch die Abschwächung der Schäden, welche aus den Schwankungen der Konjunktur erwachsen, durch die Verkürzung der Absatz- und Produktionskrisen usw. wirtschaftlich mehr heilsam als nachteilig wirken und daß sie insbesondere in den wirtschaftlichen Nöten der Gegenwart, welche infolge des auf Deutschland lastenden Druckes die Entfaltung einer freien Konkurrenz im Inland nicht zulassen, unentbehrlich sind. Der Gesetzgeber hat es daher vermieden, die als natürliche Folge der Kartellierung auftretenden egoistischen Bestrebungen der Unternehmer durch das Radikalmittel einer Zertrümmerung der K. zu bekämpfen, sondern sich auf die Bekämpfung des Mißbrauchs ihrer Monopolstellung beschränkt. Dieses Ziel sucht er nicht durch Aufstellung von Rechtsgeboten zu erreichen, welche die Grenzen der wirtschaftlichen Gebahrung der K. im einzelnen kennzeichnen, sondern durch die Einführung einer Verwaltungskontrolle, deren Handhabung er durch die Angabe von Richtlinien regelt. Diese Kontrolle ist nicht die juristischen Personen gegenüber Platz greifende Staatsaufsicht, welche gegen die Überschreitung der Körperschaftszwecke sich richtet (vgl. §§ 43f. BGB.), sondern sie besteht in der Ausübung einer Polizeigewalt. Die mit ihr betrauten Behörden haben in den Grenzen der ihnen erteilten Ermächtigung nach eigenem Ermessen die zur Abwehr von Störungen

der guten Ordnung und der Sicherheit der Gesellschaft erforderlichen Maßnahmen zu treffen. Die Richtungen, in denen sich diese Maßregeln bewegen können, sind in den §§ 4—7, 9, 10, 17 festgelegt. Sie zielen nur auf den Schutz der Allgemeininteressen ab. Die Wahrung der bloßen Privatinteressen überläßt die VO. den beteiligten Unternehmungen selbst. Wenn die §§ 4 Abs. 2 und 9 Abs. 2 auch die wirtschaftliche Bewegungsfreiheit der einzelnen unter polizeilichen Schutz stellen, so geschieht dies nur insoweit, als hierdurch neben der Individualsphäre der Wirtschaftssubjekte auch die allgemeine Wohlfahrt berührt wird. Wo dies nicht der Fall ist, bleibt der Kampf gegen die zu weit gehende Beschränkung der Bewegungsfreiheit Sache des einzelnen (vgl. § 8 Abs. 2). — Mit der Erfüllung der polizeilichen Obliegenheiten sind betraut der Reichswirtschaftsminister, der Reichsernährungsminister, im beschränkten Umfang auch die Landesregierungen sowie das als Rechtsschutzorgan errichtete KG. und dessen Vorsitzender (§§ 13, 15, 16).

2. Eine Gefährdung im Sinne des § 4 — wie auch des § 9 Abs. 2 und 10 — liegt nach der Lehre von der adäquaten Verursachung vor, wenn nach der allgemeinen Erfahrung und dem gewöhnlichen Verlauf der Dinge eine Schädigung des Gemeinwohls oder der Gesamtwirtschaft zu erwarten ist. — Diese beiden Begriffe sind nicht, wie es nach § 11 Abs. 3 S. 4 scheinen könnte, identisch. Es umschließt auch nicht, wie ihre Nebeneinanderstellung beweist, der erste Begriff den zweiten. Vielmehr ist anzunehmen, daß jeder sich auf einen selbständigen Interessenbereich bezieht, und zwar in der Weise, daß der Begriff der Gesamtwirtschaft auf die äußeren, der Begriff des Gemeinwohls auf die inneren, durch äußere Mittel nicht zu befriedigenden Bedürfnisse der Gesamtheit einschließlich der ethischen Bedürfnisse hinzielt. Der Beschluß eines K. der Luxuswarenindustrie, welcher die Mitglieder des Verbandes zur Anwendung besonders harter Geschäftsbedingungen beim Absatz der Erzeugnisse verpflichten würde, läßt vielleicht mit

Rücksicht auf den geringen Abnehmerkreis die Gesamtwirtschaft unberührt, wirkt aber durch die damit bekundete schnöde Gewinnsucht vergiftend auf die Geschäftsmoral und gefährdet so das Gemeinwohl. Ein Beschluß des Buchhändler-Börsenvereins über die von den Sortimentern einzuhaltenden Preise kann unter Umständen keine Störung der Gesamtwirtschaft bedeuten, wohl aber das ideale Interesse des Publikums an dem Bezug von Büchern zu erschwinglichen Preisen verletzen. Bei der oft schwer übersehbaren Wechselwirkung zwischen Vorgängen des wirtschaftlichen und des kulturellen Lebens wird häufig in der Gefährdung von Interessen eines einzelnen Zweiges der Wirtschaft oder eines Volksteiles eine solche der Gesamtheit zu erblicken sein. — Einer genaueren Abgrenzung der Machtsphäre des K. gegenüber den Interessen des Gemeinwohls und der Gesamtwirtschaft enthält sich die VO. Sie deutet zwar in Abs. 2 durch Beispiele die Schranken an, verwendet aber dabei wieder Blankettbegriffe wie „volkswirtschaftlich nicht gerechtfertigt" und „unbillig". Im allgemeinen wird man das richtige treffen, wenn man sich von dem Grundsatz leiten läßt, daß die Machtbetätigung der K. eine ungesetzliche wird, wenn ihre Maßnahmen nicht mehr vorwiegend der Beseitigung einer ungesunden Konkurrenz und einer vernünftigen Gestaltung der Wirtschaft durch Preisverabredungen, Sperren, Kontingentierungen, Festsetzung unterschiedlicher Preise usw., sondern der Verfolgung selbstsüchtiger Zwecke dienen. Bei der Entscheidung hierüber werden hauptsächlich die Bedeutung des in Frage stehenden Wirtschaftszweiges und die Breite und Tiefe der Wirkungen der KMaßregeln in Betracht zu ziehen sein. K., die den Schutz der Industrien von Massenartikeln bezwecken, werden anders zu beurteilen sein als solche, die das Gebiet der Luxusindustrien treffen, K., welche die Förderung der Konkurrenzfähigkeit eines Erwerbszweiges gegenüber dem Ausland anstreben, anders als solche, die nur den inländischen Markt beeinflussen wollen usw. — Eine Gefährdung durch Beeinträchtigung der wirtschaftlichen Freiheit der Wirtschaftssubjekte wird vorliegen, wenn die Entschließungen der einzelnen mehr als mit einem gesunden wirtschaftlichen Zustande oder mit den im Interesse des Ganzen zu stellenden ethischen Anforderungen verträglich ist, beschränkt werden. — Die Frage, unter welchen Voraussetzungen ein Preis als volkswirtschaftlich ungerechtfertigt zu betrachten ist, kann eindeutig kaum beantwortet werden. Selbst von Preisen, durch deren Ein- und Durchführung sich die Mitglieder oder Geschäftsführer eines Verbandes eines strafbaren Verstoßes gegen die PreistreibereiVO. vom 13. Juli 1925 schuldig machen, läßt sich nicht unter allen Umständen sagen, daß sie vom volkswirtschaftlichen Standpunkt aus zu beanstanden sind. Leichte Fälle des Preiswuchers im Sinne von § 3 PTVO. können unter dem Gesichtswinkel des § 4 bedeutungslos sein. Nur beim Vorliegen preistreibender Machenschaften im Sinne von § 8 PTVO., also von Handlungen, die unter Ausbeutung der durch die Nachkriegsverhältnisse verursachten wirtschaftlichen Not auf eine das allgemeine sittliche Empfinden verletzende Weise die Gewinnsucht des Täters zum Schaden der Allgemeinheit zu befriedigen bestimmt sind (RGSt. Bd. 55 S. 262), wird in der Regel auch die Anwendung des § 4 gerechtfertigt sein. — In den Fällen, in welchen die Verbandspreise unter Berücksichtigung der durchschnittlichen Gestehungskosten der Verbandsmitglieder festgestellt sind, liegt zu einer Beanstandung weder vom Standpunkt der PTVO. noch der KVO. ein Anlaß vor. Der Umstand, daß der Verbandspreis für einzelne Betriebe infolge besonders günstigen Rohstoffeinkaufs, einer billigeren Betriebsweise oder vorteilhafterer Lohnverhältnisse ein Mehr an Gewinn gegenüber anderen Betrieben ergibt (Differenzialrente), ist alsdann unerheblich. Werden dem Verbandspreis nicht die durchschnittlichen Kosten der Verbandsmitglieder, sondern die Verhältnisse der ungünstiger arbeitenden Betriebe zugrunde gelegt, die dadurch lebensfähig erhalten werden sollen, so hängt es von den Zeitumständen und der Lage des einzelnen Wirtschaftszweiges ab, ob ein strafbares Verhalten nach der PTVO. und eine nach § 4 KVO. verwerfliche Maßnahme vorliegt. Zur Abschwächung häufiger Konjunkturbewegungen, zur Verhinderung der Zerrüttung der Industrie, die durch Verschlechterung und Verteuerung der Warenversorgung zuungunsten der Konsumenten ausschlagen kann, erweist sich nach Befinden auch eine solche Preisfestsetzung für die Gesamtwirtschaft als nützlich. — Für das Einschreiten gegen Sperren, die entweder solche im Einkauf — z. B. durch Händlerverbände gegenüber Fabrikanten, denen der Rohstoffbezug verkümmert werden soll — oder im Verkauf — z. B. durch Verbände von Industrien gegenüber Händlern, denen der Absatz abgeschnitten werden soll — bietet § 4 nur soweit Raum, als nicht § 9 in Betracht kommt, der die Verhängung von Sperren genehmigungspflichtig macht. Die Verhängung umfaßt alle Maßnahmen, die eine Sperre gegen eine Person oder mehrere in Wirksamkeit setzt (vgl. u. bei § 9 Anm. 1). Die der Verhängung zugrunde liegenden, sie nur vorbereitenden Verträge, Satzungen, Verbandsbeschlüsse, sowie alle Verbandsnormen, welche eine störende Wirkung auf einen noch unbestimmten Personenkreis üben, fallen in den Anwendungsbereich des § 4 und nicht in den des § 9. Hierher gehören die sog. Exklusivverträge, durch welche zwei Verbände — z. B. ein Lieferanten- und ein Händlerverband — sich gegenseitig verpflichten, ausschließlich untereinander Geschäftsverkehr zu pflegen. Auch die Verträge, durch welche sich Kunden der Mitglieder eines K. gegen Zusicherung eines Rabattes, der im Falle des Treubruchs zurückzugewähren ist, diesem gegenüber verpflichten, ihren Bedarf an Waren ausschließlich bei den Kartellgenossen zu decken (Verträge mit Exklusivklausel in Gestalt einer Treurabattabrede), fallen unter § 4. Zu prüfen sind solche Vereinbarungen hauptsächlich in den Richtungen, ob das Maß der in der bedingten Rückzahlungspflicht zu erblickenden Vertragsstrafe nicht an sich oder im Hinblick auf die Art und die Größe der Verfehlungen, an die sie geknüpft ist, übermäßig hoch oder die Dauer der Treupflicht nicht zu weit ausgedehnt ist, endlich ob der Umstand, daß den Abnehmern, welche die Treupflicht nicht übernehmen, zu erhöhten Preisen geliefert werden soll, so verteuernd auf die Warenpreise wirkt, daß die Allgemeinheit dadurch in unerträglicher Weise getroffen wird. In diesen Fällen müssen die Vorteile, welche der Verband aus der Einführung des Treurabatts insofern zieht, als er die Kundschaft den Außenseitern abwendig macht und diese dadurch zum Eintritt in den Verband nötigt (sog. äußerer Organisationszwang), hinter den Rücksichten auf die Allgemeinheit zurücktreten. Auch hier bedarf es jedoch immer einer sorgfältigen Prüfung, ob nicht durch die Aufrechterhaltung des Verbandes mit Rücksicht auf die Milderung häufiger Konjunkturbewegungen und die Gewährleistung einer ständigen Preisentwicklung der Allgemeinheit mehr gedient wird als durch eine vorübergehende Senkung der Preise. Das Urteil hängt hier von der augenblicklichen wirtschaftlichen Lage und den Eigentümlichkeiten des Wirtschaftszweiges ab, dem das K. angehört. Davon geht auch das Gutachten des KG. über die Zulässigkeit des Treurabatts aus, das durchaus von der Rücksicht auf das starke gegenwärtige Bedürfnis nach einer Senkung der Preise beherrscht wird (s. den Auszug aus dem Gutachten in den Mitteil. der Preisprüfungsstellen 1924 S. 64).

3. Die Nichtigkeitsklage richtet sich nicht auf die Anerkennung einer bereits entstandenen Rechtswirkung, sondern auf die Herstellung einer solchen Wirkung durch Richterakt; sie ist also nicht Feststellungs-, sondern Rechtsgestaltungsklage. Ihrem Zwecke gemäß, eine weitere Gefährdung der Allgemeinheit auszuschließen, strebt die Klage einen für die Zukunft wirksamen Richterspruch, nicht aber einen solchen mit rückwirkender Kraft an. Neben dem Reichswirtschaftsminister ist innerhalb der Grenzen seiner Zuständigkeit antragsberechtigt der Reichsernährungsminister (§ 16). Das KG. darf über den Antrag nicht hinausgehen, also z. B. nicht an Stelle nur

eines Beschlusses den KVertrag vernichten. Es kann aber, wenn es dies für ausreichend ansieht, an Stelle der Nichtigkeitserklärung eine mildere Anordnung, insbesondere die des § 4 Nr. 2, treffen (§ 7 Abs. 1 S. 2). Der Antrag ist bis zum Erlaß der Entscheidung rücknehmbar und beschränkbar. Antragsgegner ist das K., auch wenn es nicht rechtsfähig ist. Das Recht zur Vertretung des K. im Verfahren beurteilt sich nach der Satzung und gegebenenfalls nach dem Gesetz. Der Vorsitzende des KG. kann Behörden und Personen, die ein Rechts- oder wirtschaftliches Interesse am Verfahren haben, als Beteiligte zuziehen (§ 22 verb. mit § 1 VerfVO., § 19 VO. RWG.). Der im Sinne der Klage ergehende Beschluß erzeugt eine objektive, von jedermann anzuerkennende Rechtslage. Die Zurückweisung des Antrags wirkt verschieden je nach dem Grunde, auf dem sie beruht. Abweisung wegen mangelnden Rechtsschutzbedürfnisses (mangelnder Gefährdung) hindert den Kläger nicht an einer zweiten Klage bei neuauftauchender Gefahr, zu deren Begründung die früher vorgebrachten Tatsachen unterstützend herangezogen werden können. Abweisung aus sachlichen Gründen dagegen z. B. weil ein rechtswirksamer KVertrag überhaupt nicht vorliegt, schließt einen neuen Antrag aus. — Bei nur teilweiser Nichtigkeitserklärung eines KVertrags oder Beschlusses entscheidet darüber, ob und wie weit das Urteil auch auf andere Abreden oder Beschlußbestandteile der in § 1 bezeichneten Art einwirkt — z. B. ob die Nichtigkeitserklärung von Vereinbarungen und Beschlüssen über die Preiskalkulation auch die Vernichtung von Bestimmungen über Kreditgewährung an die Kunden zur Folge hat — das KG., das hierbei nicht an § 139 BGB. gebunden ist (§ 7 Abs. 2). Verschieden hiervon ist die Frage, ob die Nichtigkeitserklärung auch auf andere nicht unter § 1 fallende Bestandteile des Vertrags oder Beschlusses einwirkt. Dies beurteilt sich nach § 139. Hierüber entscheiden im Streitfalle die ordentlichen Gerichte. Von besonderer Bedeutung wird dies bei den den §§ 1—9 unterliegenden Interessengemeinschaften hinsichtlich der Abreden über die Gewinnverteilung (s. o. unter § 1 Anm. 3). — Ob und inwieweit die Nichtigkeitserklärung die Organisationsform des K. berührt, ist oben zu § 1 in Anm. 8 erörtert. — Ebensowenig wie der Nichtigkeitserklärung wegen der damit verbundenen unerträglichen Folgen rückwirkende Kraft beigemessen werden kann, ist die Beseitigung der Entscheidung im Wiederaufnahmeverfahren zulässig (s. u. bei § 12 unter 2). — Ist der KVertrag für nichtig erklärt und damit die Rechtsfähigkeit des Verbandes erloschen, so ergibt sich ohne weiteres die Unwirksamkeit späterer rechtsgeschäftlicher Handlungen des K. War der Verband nicht rechtsfähig, so folgt die Nichtigkeit solcher Handlungen aus § 17 VO. verb. mit §§ 134, 309 BGB. Der über die Nichtigkeitserklärung nicht unterrichtete Vertragsgegner kann gegebenenfalls Schadensersatz aus §§ 309, 307 BGB. fordern. Soweit nicht der auf Verträge zugeschnittene § 309 einschlägt, kommen möglicherweise auch die §§ 823 Abs. 2 — § 17 VO. hat den Schutz des Publikums und damit der einzelnen im Auge — und 831 BGB. in Frage. — Verträge und Beschlüsse, welche einzelne Arten der Durchführung zum Gegenstand haben, z. B. Beschlüsse über gewisse Zwangsmaßnahmen gegenüber Verbandsmitgliedern oder die Verhängung von Sperren gegen Dritte, unterliegen nicht der Nichtigkeitserklärung, sondern nur der Untersagung. Ein solches Verbot wird nicht durch § 17 getroffen. Ihm kann nur durch kartellgerichtliche Strafandrohungen und Strafmaßregeln aus § 44 Abs. 2 VO. RWG. verb. mit § 890 ZPO. Achtung verschafft werden. — Die Entscheidungen über die Nichtigkeitserklärung und Untersagung werden mit der Verkündigung bzw. Zustellung wirksam (§§ 39, 31 Abs. 2 VO. RWG.).

4. Die den Anordnungen unter 3 gegenüber milderen Maßnahmen daß jeder am KVertrag Beteiligte diesen fristlos kündigen oder von einem Beschluß — auch einem Durchführungsbeschluß — zurücktreten kann, trifft der zuständige Minister selbst, oder er beantragt ihre Anordnung bei dem KG., dessen

Entscheidungsbefugnis in dieser Richtung aus § 7 Abs. 1 S. 2 folgt. Die Gefährdung im Sinne von § 4 Abs. 1 muß zur Zeit der Anordnung vorliegen. Die Ausübung des Kündigungs- und Rücktrittsrechts wird meist zu befristen sein, wenn sich die Maßnahme auf wirtschaftliche Verhältnisse stützt, mit deren Veränderung in nicht ferner Zeit zu rechnen ist. Ist die Befristung unterblieben, so stehen das Kündigungs- und Rücktrittsrecht dem Beteiligten so lange zu, als nicht der Minister oder das KG. die Anordnung wegen nachträglichen Wegfalls ihrer Voraussetzungen aufhebt. Sonst würden die ordentlichen Gerichte bei der Entscheidung über Klagen aus dem KVerhältnis eine Kündigung oder einen Rücktritt wegen Verspätung für unwirksam erklären können. Über die Fortdauer beider Befugnisse hat aber auch in diesem Fall lediglich der Minister zu befinden. Wie § 7 Abs. 3 auch ohne die Heranziehung des § 12 Abs. 1 im Sinne der Verleihung einer ausschließlichen Zuständigkeit zu verstehen ist, so auch § 6, der die Entscheidung in die Hände des Ministers legt, weil es sich um eine Frage verwaltungsmäßigen Ermessens handelt. Aus diesem Grunde können die Gerichte auch nicht prüfen, ob die Anordnung der Kündbarkeit gerechtfertigt war. Nur wenn sich die Anordnung gegen einen von dem § 1 nicht erfaßten Vertrag oder Beschluß richtet, dürfen die Gerichte sie als unwirksam beanstanden. — Die Anordnung erlangt, wenn sie vom KG. getroffen wird, mit der Verkündung, wenn sie vom Minister getroffen wird, mit der Zustellung Wirksamkeit. — Angeordnet werden kann die Kündbarkeit eines Beschlusses, also auch einer Satzungsänderung. Es ist daher, obschon dies die VO. nicht ausdrücklich sagt, auch die Verleihung des Kündigungsrechts in bezug auf einen Teil des ursprünglichen Vertrags für zulässig anzusehen. Jedoch kann eine solche nur das KG. zubilligen. Denn die damit notwendig werdende Entscheidung über die Tragweite der Teilkündigung kann ausweislich des § 7 Abs. 2 nur das KG. treffen. Die Kündigung hat im Gegensatz zur Nichtigkeitserklärung lediglich zur Folge, daß der Kündigende an den Vertrag oder Beschluß nicht mehr gebunden ist und aus dem KVerhältnis ausscheidet. Die Verleihung des Kündigungsrechts soll offenbar an die Stelle des Antrags auf Nichtigkeitserklärung überall da treten, wo das gemeinschädliche Verhalten eines KVerbandes in einer zu starken Beschränkung der wirtschaftlichen Bewegungsfreiheit einzelner KMitglieder liegt. Dem Betroffenen soll die Möglichkeit gewährt werden, sich von den KPflichten zu lösen. — In bezug auf die Beschlüsse spricht zwar die VO. von der Einräumung eines Rücktrittsrechts. Damit ist jedoch nicht gesagt, daß nur die Loslösung von Beschlüssen in Frage kommt, bei denen der Zurücktretende in zustimmendem Sinne mitgewirkt hat. Vielmehr soll auch hier dem Betroffenen ganz allgemein die Möglichkeit der Befreiung von einem ihn zu stark bindenden Beschluß gegeben werden.

5. Die Nr. 3 zielt auf den Fall ab, daß erst die bestimmte Art der Durchführung eines Vertrages oder Beschlusses gefährdend wirkt, z. B. bei PreisK. die jeweilige Festsetzung des Preises, bei KontingentierungsK. die jeweilige Bestimmung der Beteiligungsziffer. Die Überwachung solcher Vereinbarungen und Beschlüsse sichert sich der zuständige Minister durch die Auferlegung der Einreichungspflicht, und ihren schädigenden Wirkungen begegnet er durch die gleichzeitige Anordnung, daß die Maßnahmen erst nach Eingang der einzureichenden Abschrift beim Ministerium in Kraft treten. Auch Vereinbarungen mit Dritten werden von der Einreichungspflicht ergriffen. Der Minister muß sich im Hinblick auf § 10 Abs. 1 auch deren Überwachung ermöglichen können. Nur kann er deren Wirksamkeit nicht wie bei den Vereinbarungen unter den KMitgliedern von der Erfüllung der Einreichungspflicht abhängig machen, er kann sie vielmehr nur auf Grund des § 10 wirkungslos machen. — Erhebt sich in einem Rechtsstreit über die bindende Wirkung eines Übereinkommens unter den KMitgliedern die Frage, ob die Einreichungspflicht zu erfüllen war, so kann das Gericht nur die Zuständigkeit

des Ministers zur Anordnung der Einreichungspflicht, nicht aber die Voraussetzungen für die Anordnung der bezeichneten Pflicht nachprüfen. Sie sind lediglich Gegenstand des verwaltungsmäßigen Ermessens.

6. Den Maßnahmen aus § 4 sind nur K. unterworfen, die sich im Machtbereich der deutschen Verwaltungsbehörden befinden. K., die ihren Sitz im Ausland haben, unterliegen ihnen daher in der Regel nicht. Nur ausnahmsweise, z. B. wenn sie im Inland eine Niederlassung, oder wenn Doppelgesellschaften in der Rechtsform deutsch-rechtlicher Gesellschaften Verkaufsstellen im Inland unterhalten, kann aus § 4 gegen sie vorgegangen werden, dies doch auch nur dann, wenn deutsche Interessen durch sie gefährdet werden. Die deutschen Maßnahmen ergreifen dann aber immer nur die Niederlassung in Deutschland.

§ 5.

Ist eine Nichtigkeitserklärung gemäß § 4 Abs. 1 Ziffer 1 und § 7 oder eine Anordnung gemäß § 4 Ziffer 2 oder 3 ergangen, so kann der Reichswirtschaftsminister anordnen, daß die Einreichungspflicht gemäß § 4 Ziffer 3 auch für zukünftige Verträge und Beschlüsse der im § 1 bezeichneten Art gilt, bei denen

1. die gleichen Personen sämtlich oder in größerer Anzahl beteiligt sind, oder
2. Personen in leitender oder beratender Stellung Verwendung finden oder finden sollen, die sich bereits bei den gemäß § 4 beanstandeten Verträgen oder Beschlüssen in einer dieser Eigenschaften betätigt haben, oder
3. es sich um die gleiche Art von Waren oder Leistungen handelt[1].

1. Während § 4 Nr. 3 dem Minister die Überwachung der Durchführungsmaßnahmen eines bestimmten K. sichern soll, will § 5 die Überwachung aller Maßnahmen desselben K. oder anderer K. ermöglichen, bei welchen Personenidentität im Sinne von Nr. 1 oder Nr. 2 oder Sachidentität im Sinne der Nr. 3 vorliegt. Hinsichtlich dieser K. kann die Einreichungspflicht gemäß § 4 Nr. 3 angeordnet werden. Die VO. will auf diese Weise den Minister in den Stand setzen, dem gemeingefährlichen Treiben gewisser Personen bei demselben oder einem anderen K. oder dem Treiben der K. eines gewissen Wirtschaftszweiges ohne Rücksicht auf die dabei beteiligten oder mitwirkenden Personen entgegenzutreten. Insbesondere soll auf diese Weise auch verhütet werden, daß K., gegen welche auf Grund von § 4 vorgegangen worden ist, in einer anderen Rechtsform das geschäftliche Gebaren, welches zur Beanstandung Anlaß bot, fortsetzen. Voraussetzung der Anordnung aus § 5 ist, daß die Maßregeln aus § 4 fortbestehen. — Die Nr. 3 ist dem Zweck der Vorschrift entsprechend auf Verbände zu beschränken, welche dieselben wirtschaftlichen Funktionen wie der beanstandete Verband erfüllen. Der Umstand, daß sich zwei Verbände mit der gleichen Warenart befassen, genügt also nicht, wenn der eine Verband Erzeuger, der andere Händler umfaßt.

§ 6.

Der Reichswirtschaftsminister kann eine Maßnahme, die er nach § 4 Abs. 1 Ziffer 2 oder 3 oder § 5 angeordnet hat, aufheben, wenn die Voraussetzungen nachträglich weggefallen sind. Die Anordnung wirkt vom Zeitpunkt ihrer Zustellung ab.

Die in § 6 bezeichneten Anordnungen des Ministers bleiben, auch wenn ihre Voraussetzungen wegfallen, bestehen, bis der Minister sie aufhebt. Sie erlöschen mit der Zustellung der aufhebenden Verfügung an das K. Daß der Minister seine Anordnungen auch rückgängig machen kann, wenn er bei deren Erlaß das Vorliegen ihrer Voraussetzungen irrigerweise angenommen hat, sagt der Paragraph nicht. Es ist dies aber nach allgemeinen Rechtsgrundsätzen selbstverständlich. Auch in einem solchen Fall ist im Interesse der Rechtssicherheit und zur Vermeidung unerträglicher Verwicklungen anzunehmen, daß die Anordnung bis zur Zustellung des Widerrufs bestehen bleibt.

§ 7.

Im Falle des § 4 Abs. 1 Ziffer 1 hat das Kartellgericht, wenn es die Gefährdung der Gesamtwirtschaft oder des Gemeinwohls für gegeben erachtet, den Vertrag oder Beschluß ganz oder zum Teil für nichtig zu erklären oder die bestimmte Art seiner Durchführung zu untersagen. Erachtet es die im § 4 Abs. 1 Ziffer 2 vorgesehene Anordnung als ausreichend, so kann es an Stelle der Nichtigkeitserklärung oder der Untersagung diese Anordnung treffen.

Erklärt das Kartellgericht einen Teil des Vertrags oder Beschlusses für nichtig, so hat es darüber zu entscheiden, ob und inwieweit die Nichtigkeit dieses Teiles die Nichtigkeit anderer Teile des Vertrags oder Beschlusses nach sich zieht.

Das Kartellgericht kann eine Anordnung nach Abs. 1 Satz 2 aufheben, wenn die Voraussetzungen nachträglich weggefallen sind[1].

1. Vgl. zu Abs. 1 u. 2 die Bemerkungen bei § 4 in Anm. 3 u. 4.

Die Aufhebung einer Anordnung aus § 4 Nr. 2, welche das KG. getroffen hat, kann nur dieses, nicht der Minister verfügen. Die Wirkungen der Anordnung bleiben bis zur Aufhebung bestehen. — Hat das KG. die Voraussetzungen für die Anordnung irrtümlich angenommen, so kann im Falle der

Untersagung — nicht auch der Nichtigkeitserklärung (s. bei § 4 Anm. 3 und bei § 12 Anm. 2) — Abhilfe im Wiederaufnahmeverfahren erfolgen. — Von den Wirkungen eines in diesem Verfahren ergehenden Aufhebungsbeschlusses gilt das über die entsprechende Verfügung des Ministers bei § 6 Bemerkte.

§ 8.

Verträge oder Beschlüsse der in § 1 bezeichneten Art kann jeder Beteiligte fristlos kündigen[1, 3], wenn ein wichtiger Grund[2] vorliegt.

Als wichtiger Grund ist es immer anzusehen, wenn die wirtschaftliche Bewegungsfreiheit des Kündigenden, insbesondere bei der Erzeugung, im Absatz oder der Preisgestaltung, unbillig eingeschränkt wird[2].

Darüber, ob die Kündigung zulässig war, entscheidet im Streitfall das Kartellgericht auf Antrag eines Beteiligten[4]. Der Antrag ist binnen zwei Wochen nach Zugang der Kündigung zu stellen. Wird der Antrag nicht innerhalb dieser Frist gestellt, so gilt die Kündigung als wirksam erfolgt[3, 5].

1. Die Vorschrift gibt den an einem Vertrag oder Beschluß im Sinne von § 1 Beteiligten das Recht zur fristlosen Kündigung, wenn ein wichtiger Grund hierfür vorliegt. Sie will damit einen Rechtsbehelf gegen die zu starke Anspannung des inneren KZwangs gewähren und es den Betroffenen ermöglichen, sich von dem Zwange zu befreien. Beabsichtigt ist also mit ihr ein Schutz von Privatinteressen. Nur der Betroffene ist daher kündigungsberechtigt. Wird, wie dies in dem hauptsächlichsten Anwendungsfalle, der Beschränkung der wirtschaftlichen Bewegungsfreiheit, in der Regel zutrifft, neben den Interessen eines einzelnen Wirtschaftssubjekts auch das allgemeine Wohl in Mitleidenschaft gezogen, so greifen die Befugnisse aus § 4 Nr. 2 und § 8 nebeneinander Platz. — Die Kündigung ist in ihren Wirkungen doppelt begrenzt.

Sie ergreift den Vertrag oder Beschluß nur im Umfang der in § 1 bezeichneten Bestimmungen und läßt insbesondere die organisatorischen Bestandteile (Bestimmungen über die Geschäftsführung, Vertretung, Wahlen usw.) unberührt, s. hierüber oben bei § 1 in Anm. 8. Ferner führt sie, ihrem Zwecke entsprechend, nur das Ausscheiden des Kündigenden aus dem Vertrag herbei und hebt nur ihm gegenüber die bindende Kraft eines gekündigten Beschlusses auf. Die Kündigung setzt ein ausreichendes Rechtsschutzbedürfnis voraus und ist daher erst statthaft, wenn der Kündigende auf dem ihm nach dem KVertrag offenstehenden Wege erfolglos Abhilfe gesucht hat (E. Nr. 54 und anderwärts). Eine teilweise Kündigung ist auch hier zulässig. Auf ein bereits entstandenes Kündigungsrecht kann der Berechtigte wirksam verzichten, während er dies bei dem Kündigungsrecht aus § 4 Nr. 2 mit Rücksicht auf die dort in Frage kommenden öffentlichen Interessen nicht tun kann. Auch die Kündigungsbefugnis aus § 8 kann aber im voraus nicht durch Vertrag ausgeschlossen oder beschränkt werden. Die Zulassung einer solchen Vereinbarung würde dem Grundgedanken der Vorschrift zuwiderlaufen, der die wirtschaftliche Bewegungsfreiheit der KMitglieder beim Eintreten unvorhergesehener und unvorhersehbarer Umstände, die sie in unbilliger Weise einengen, gerade aufrechterhalten will. Eine besondere Folgerung aus diesem Grundsatz enthält der § 9 Abs. 7, welcher Vereinbarungen, die an eine Kündigung Nachteile z. B. die Verpflichtung zur Zahlung einer Vertragsstrafe knüpfen, dem Kündigungsberechtigten gegenüber für unwirksam erklärt. Wichtige Gründe, die eine Kündigung rechtfertigen, können daher nicht durch Vertrag dieser Eigenschaft entkleidet werden. Eine solche Vereinbarung kommt nur als Anhaltspunkt bei der Entscheidung über die Wichtigkeit in Betracht. Sie ist nur ein Erkenntnismittel für die Ansicht der Beteiligten über die Erheblichkeit gewisser Umstände bei der Beurteilung der Kündigungsgründe. — Der Verzicht auf das entstandene Kündigungsrecht kann auch ein stillschweigender sein. Ob eine längere Verzögerung der Kündigung einen Verzicht in sich schließt, beurteilt sich nach dem Grundsatz von Treu und Glauben.

2. Der Kündigungsgrund kann niemals den Verhältnissen entnommen werden, welche zur Zeit der Eingehung des KVertrages oder der Beschlußfassung schon obwalteten. Über den rechtlichen Einfluß solcher Umstände auf die Wirksamkeit oder Anfechtbarkeit des Vertrags entscheiden nur die Normen des bürgerlichen und Handelsrechts. Hier kommen neben den Nichtigkeits- und Anfechtungsgründen des BGB. für Rechtsgeschäfte, die teils von den Gesetzen bestimmten, teils von der Rechtsprechung entwickelten Grundsätze über die Mängel der Beschlußfassung bei eingetragenen Vereinen, GmbH. sowie bei AG. (§§ 271f. HGB.) in Betracht. Nichtige oder wirksam angefochtene Vereinbarungen und Beschlüsse scheiden also als Gegenstand der Kündigung aus. Nur eine nach dem Vertragsschluß oder der Beschlußfassung eingetretene Änderung der Umstände kann einen Kündigungsgrund liefern, dies jedoch auch nur, wenn sie bei Anwendung der erforderlichen Sorgfalt nicht voraus erkennbar war. — Einen wichtigen Kündigungsgrund bietet die Änderung dann dar, wenn den Beteiligten mit Rücksicht auf sie eine weitere Bindung an den Vertrag oder an den Beschluß ohne Verletzung der Billigkeitsregeln nicht zuzumuten ist. Diese Voraussetzung ist nicht erfüllt, wenn die Befreiung dem Antragsteller, z. B. wegen völligen Darniederliegens seiner Branche, keine Hilfe bringen kann. Ein zutreffendes Urteil über das Vorhandensein eines wichtigen Grundes kann immer nur bei Berücksichtigung der Gesamtlage gewonnen werden, die jedem Fall eine eigene Farbe verleiht. Im Hinblick auf die sich hieraus ergebende Mannigfaltigkeit der Gestaltung lassen sich Leitsätze über die an die Kündigungsgründe zu stellenden Anforderungen nur schwer und jedenfalls nur unter dem Vorbehalt aufstellen, daß die individuelle Beschaffenheit des Falles sie unanwendbar machen kann. Mit dieser Beschränkung sind folgende Grund-

säze zu verstehen: Ein Kündigungsgrund ist zu erblicken: In dem Aufkommen leistungsfähiger Außenseiter, wenn in einem PreisK. die Aufrechterhaltung der vom Verband festgesetzten Mindestpreise einem Verbandsmitglied den erfolgreichen Wettbewerb unmöglich macht (E.KWG. Bd. 2 S. 195). In einer so hohen Festsetzung der Preise, daß einem ehrbaren Kaufmann deren Einhaltung nicht anzusinnen ist oder daß die wirtschaftliche Existenz eines Verbandsmitgliedes in Frage gestellt wird (das. S. 201). In der unterbleibenden Anpassung der Preispolitik an die Zeitverhältnisse, insbesondere wenn Verbände, die auf wichtigen Versorgungsgebieten eine Machtstellung behaupten, durch Beibehaltung unangemessen hoher Preise das Gemeinwohl gefährden (das. S. 207). In der Änderung des inneren Aufbaues eines K., namentlich in der Aufsaugung kleinerer Betriebe durch einige wenige Großbetriebe und in der dadurch verursachten Verschiebung der Stellung und des Einflusses der übrigen Mitglieder (das. S. 161, 189, 225). In der Beschränkung der satzungsgemäßen Verbandsziele, z. B. der Umwandlung eines Verkaufssyndikats in eine lose Preiskonvention, wenn die Beiträge der Mitglieder zu dem so verringerten Schutz in keinem angemessenen Verhältnis mehr stehen (das. S. 192). In der nicht durch Einräumung entsprechender Vorteile wettgemachten Auferlegung von Pflichten, wie z. B. der Einforderung hoher Sicherheiten in wirtschaftlich schwierigen Zeiten (das. S. 229). Der Einzelfall kann auch so gestaltet sein, daß erst mehrere dieser Gründe in ihrem Zusammenhang die Kündigung rechtfertigen. In der Regel sind nicht als Kündigungsgründe anzuerkennen: Die Beeinträchtigung des Ertrags eines Geschäftsbetriebes durch die Bestimmungen des K. bei sinkender Konjunktur, wenn das betroffene Mitglied bei steigender Konjunktur unter dem Schutze des K. erhöhte Gewinne gemacht hat (das. S. 164, 201), Pflichtwidrigkeiten einzelner KMitglieder, durch welche der KZweck noch nicht in Frage gestellt wird. — Wenn auch das Kündigungsrecht aus § 8 nur zur

Wahrung privatrechtlicher Interessen bestimmt ist, so schließt dies doch nicht aus, daß bei der Entscheidung über das Bestehen des Rechts auch Interessen der Allgemeinheit, die durch die Kündigung berührt werden, Berücksichtigung finden. Die Erhaltung eines K. kann vom Standpunkt der Gesamtwirtschaft aus so wichtig sein, daß die Privatinteressen des Kündigenden dahinter zurückstehen müssen, s. u. unter 4.

3. Die befreienden Wirkungen der Kündigung sind von ihrer Rechtmäßigkeit unabhängig, wenn binnen 2 Wochen nach dem Zugang der Erklärung an die KLeitung kein Antrag auf Entscheidung des KG. über die Zulässigkeit gestellt wird. An das Unterbleiben des Antrags knüpft sich die Fiktion der Rechtmäßigkeit. Im gegenteiligen Fall ist die befreiende Wirkung mit dem Zugang der Erklärung als eingetreten anzusehen, falls das KG. die Rechtmäßigkeit anerkennt. Ein Widerruf der Kündigung ist möglich, aber nur wirksam, wenn er vor oder gleichzeitig mit ihr der KLeitung zugeht. Die Entscheidung des KG. über die Rechtmäßigkeit hat nur deklarative Bedeutung. Wenn auch der Wortlaut des Abs. 3 S. 1 „ob die Kündigung zulässig w a r“ keinen ausreichenden Stützpunkt hierfür gewährt, so fehlt es doch jedenfalls für die Annahme, daß der Beschluß rechtserzeugend (konstitutiv) wirkt, an einem Anhaltspunkt in der VO. Ohne einen solchen ist aber die Annahme nicht zulässig. Unter der Herrschaft des Art. 125 HGB. a. F., welcher — anders als § 133 HGB. n. F. — die konstitutive Bedeutung der richterlichen Entscheidnng über die Auflösung der offenen HG. nicht zum Ausdruck brachte, wurde ebenfalls von der Mehrheit der Ausleger angenommen, daß schon die Kündigung die Auflösung herbeiführt. Die gleiche Ansicht besteht auch heute noch betreffs der Kündigung bei Dienstverträgen. Die Unsicherheit, welche sich aus dieser Auffassung für das Verhalten des KVerbandes wie des Kündigenden in der Zeit zwischen der Kündigung und der Entscheidung ergibt, mag eine Änderung des § 8 angezeigt erscheinen lassen. Für die Auslegung der Vorschrift in ihrer jetzigen

Gestalt ist sie nicht ausschlaggebend. Sie kann überdies durch einstweilige Anordnungen (§ 2 VerfVO. verb. mit § 35 VO. RWG.) behoben werden. Hieraus folgt, daß, wenn sich der Kündigungsgrund zur Zeit der Entscheidung des K. erledigt hat, trotzdem die Kündigung als wirksam anzuerkennen ist. — Schadensersatzpflichtig ist der Kündigende gegenüber dem K. oder, falls dieses keine Körperschaft ist, gegenüber den anderen KMitgliedern im Falle der Nichtbestätigung der Kündigung durch das KG., wenn die Unzulässigkeit der Kündigung bei sorgfältiger Prüfung erkennbar war (§ 276 BGB.). Gibt die KLeitung zu der Kündigung durch schuldhafte Pflichtverletzung Anlaß, so ist sie dem Kündigenden ersatzpflichtig.

4. Die Kündigung ist an das K., d. h. an dessen gesetzlichen Vertreter und, wenn es einen solchen mit Rücksicht auf die gewählte Rechtsform nicht gibt, an den im Zweifel zur Empfangnahme berechtigten Geschäftsführer und, falls ein solcher nicht vorhanden ist, an sämtliche übrigen KMitglieder zu richten. Der Antrag auf Entscheidung des KG. kann von jedem Beteiligten, von dem Kündigenden selbst aber nur bei nachgewiesenem Rechtsschutzinteresse, also wenn das K. die Rechtmäßigkeit der Kündigung bestreitet, gestellt werden. Ohne einen solchen Widerspruch liegt ein Streitfall nicht vor. — Das K. ist antragsberechtigt und kann als Antragsgegner auftreten, auch wenn es kein rechtsfähiger Verband ist. Die Parteifähigkeit kann ihm, da das Verfahren vor dem KG. in den Fällen des § 8 zwar ein Privatrechtsverhältnis zum Gegenstand hat, aber kein Zivilprozeßverfahren ist, über die Grenze des § 51 ZPO. hinaus zugestanden werden. Mit Rücksicht auf den mit der Zuständigerklärung des KG. u. A. verbundenen Zweck der Beschleunigung der Entscheidung, welche durch das Auftreten vielköpfiger Parteien gehemmt wird, muß dies geschehen. Voraussetzung des selbständigen Auftretens des K. ist natürlich, daß sich dieses eine korporative Organisation gegeben hat. — Das KG. lehnt entweder die Entscheidung in der Sache ab — so z. B. wenn ein K. im

Sinne von § 1 nicht vorliegt oder wenn der KVertrag nichtig und die Kündigung deshalb gegenstandslos ist oder es entscheidet über die Rechtmäßigkeit der Kündigung. Eine solche sachliche Entscheidung bindet die Gerichte (§ 12). — Wie gegenüber der Nichtigkeitserklärung wegen der damit verbundenen unerträglichen Folgen ein Wiederaufnahmeverfahren nicht zulässig ist (s. o. bei § 4 u. 3), so auch nicht gegenüber der Befreiung eines KMitgliedes durch Kündigung. — Lehnt das KG. die Entscheidung in der Sache ohne Verneinung seiner Zuständigkeit ab, z. B. weil es das K. als aufgelöst ansieht, so steht fest, daß die Kündigung als fristlose unwirksam ist. Sie wirkt dann aber als befristete Kündigung auf Grund des Vertrags oder der Satzung.

5. Für die Auflösung von K., deren Zentralverwaltung im Ausland liegt, und die Auflösungsgründe ist an sich das ausländische Recht maßgebend, so daß auch die Kündbarkeit und die Kündigungsgründe an sich nach diesem zu beurteilen sind. Wenn aber das ausländische Recht die Kündigung aus wichtigem Grunde, welcher vorwiegend die wirtschaftliche Bewegungsfreiheit der KMitglieder schützen soll, nicht anerkennt, so verstößt dies gegen Art. 30 des EG. z. BGB. In einem solchen Falle muß daher der Kündigende, sofern er im Inland ansässig ist, den Schutz des KG. auch gegenüber dem ausländischen K. anrufen können, wenn dieses die Wirksamkeit der Kündigung bestreitet. Die deutschen Gerichte sind auch an eine solche Entscheidung des KG. gebunden (§ 12). Ob die ausländischen Gerichte sie anerkennen, bleibt freilich zweifelhaft.

§ 9.

Auf Grund von Verträgen oder Beschlüssen der in § 1 bezeichneten Art dürfen ohne Einwilligung des Vorsitzenden des Kartellgerichts Sicherheiten nicht verwertet und Sperren oder Nachteile von ähnlicher Bedeutung nicht verhängt werden[1].

Die Einwilligung ist zu versagen, wenn die Maßnahme eine Gefährdung der Gesamtwirtschaft oder des Gemeinwohls enthalten oder die wirtschaftliche Bewegungsfreiheit des Betroffenen unbillig einschränken würde [2].

Die Einwilligung gilt als erteilt, wenn der Vorsitzende binnen 3 Wochen seit Eingang des Ersuchens um Einwilligung eine Entscheidung nicht getroffen hat [3].

Bei Verträgen und Beschlüssen, die nur für einzelne Länder oder Teile von Ländern von Bedeutung sind, kann der Reichswirtschaftsminister im Einvernehmen mit der Regierung des beteiligten Landes bestimmen, daß für die Einwilligung an Stelle des Vorsitzenden des Kartellgerichts eine andere Stelle zuständig ist [3].

Gegen die Entscheidung des Vorsitzenden des Kartellgerichts oder der auf Grund des § 4 bestimmten Stelle können die Beteiligten innerhalb einer Woche nach Zustellung die Entscheidung des Kartellgerichts anrufen [3].

Im Falle des § 4 Abs. 1 Ziffer 2 sind Sicherheiten unverzüglich nach der Kündigung, im Falle des § 8 unverzüglich nach dem Ablauf der Frist des § 8 Abs. 3 oder nach Zustellung der die Kündigung für zulässig erklärenden Entscheidung des Kartellgerichts zurückzugewähren [4].

Vereinbarungen, die an die Nichtbeteiligung an dem Vertrag oder Beschluß oder an die Kündigung Nachteile knüpfen, sind in den Fällen des § 4 Abs. 1 Ziffer 2 und des § 8 dem Kündigenden gegenüber unwirksam [4, 5].

1. Die Vorschrift baut in Abs. 6 und 7 den Schutz, welchen die §§ 4 Abs. 1 Nr. 2 und 8 gegen die zu starke Bindung der KMitglieder durch den KVerband — sog. innerer KZwang — anstreben, weiter aus und trifft in Abs. 1—6 durch Einführung einer „Präventivkontrolle" Vorkehrungen zum Schutz gegen die Überspannung des KZwangs überhaupt, also auch des äußeren Druckes, der die Außenstehenden zum Beitritt veranlassen soll. Die Ansicht, daß auch die Abs. 1—6 nur den übertriebenen inneren Zwang beheben sollen, scheitert schon an der Erwägung, daß die Sperre vorwiegend eine im Dienste des äußeren Zwanges stehende Maßnahme ist und daß die Außenseiter durch das Nichtigkeitsverfahren aus § 4, auf dessen Einleitung sie keinen entscheidenden Einfluß ausüben können, nicht genügend geschützt sind, so daß die Erweiterung ihres Schutzes auf dem Wege des § 9 Abs. 1 nahelag. — Die Präventivkontrolle soll nach Abs. 1 ausgeübt werden durch Überwachung der Anwendung der hauptsächlichsten und stärksten Mittel, deren sich die K. zur Ausübung des Zwanges bedienen. Als solche Mittel werden die Verwertung von Sicherheiten und die Verhängung von Sperren und Nachteile von ähnlicher Bedeutung genannt. — Diese Maßnahmen werden von § 9 jedoch nur getroffen, wenn sie von K. oder k.ähnlichen Vereinigungen im Sinne von § 1, also nicht z. B., wenn sie von Einzelunternehmern, Arbeiter- und Arbeitgeberverbänden ausgehen. Nicht der Einwilligung bedürfen daher der von einem Arbeitgeberverband über einen Unternehmer zu verhängende Boykott und eine von einem Arbeitgeberverband über Arbeiter zu verhängende Aussperrung. — Die Ausdrucksweise „Verwertung von Sicherheiten" scheint darauf hinzudeuten, daß nur solche Sicherheiten in Frage kommen, die der KVerband im Falle der Verletzung von KPflichten durch die Mitglieder ohne weiteres, d. h. ohne richterliche Entscheidung realisieren kann. Bei dieser Auffassung würde nur die Verwirklichung von Sicherheiten, die in hinterlegten Wechseln, in Schuldanerkenntnissen nach § 794 Nr. 5 ZPO.

und dergl. bestehen, nicht aber die Geltendmachung von Ansprüchen aus Bürgschaften und Strafgedingen genehmigungspflichtig sein. Dies widerstrebt aber dem Zweck der VO., welche die Verwertung aller Arten von Sicherheiten, die als Druckmittel dienen sollen, ausnahmslos unter die Kontrolle des KG. stellen will. Es gehören also auch die Einforderung von Vertragsstrafen und die Verwertung fiduziarisch übereigneter Vermögenswerte hierher. — Die Kontrolle des Vorsitzenden des KG. hat sich auf die Prüfung zu beschränken, ob Bedenken aus Abs. 2 entgegenstehen. Ist unter den Parteien streitig, ob die gesicherte Forderung überhaupt besteht, ob also das sicherstellende Mitglied z B. seine Pflicht verletzt hat oder bedarf es zur Verwertung der Sicherheit, wie unter Umständen beim Faustpfand, der vorherigen Erwirkung eines vollstreckbaren Titels (vgl. § 1233 Abs. 2 BGB.), so hat der Verband erst ein gerichtliches Urteil zu erwirken. Die Zuständigkeit des Vorsitzenden erstreckt sich auf die Prüfung nach dieser Richtung nicht. — Eine Sperre ist eine Maßnahme, welche zur Bekämpfung des Wettbewerbs den geschäftlichen Verkehr eines KMitglieds oder eines Außenseiters unterbinden soll. Die Sperren sind entweder solche im Einkauf oder solche im Verkauf (vgl. § 4 Abs. 2). Der Einkauf wird gesperrt durch Nichtbelieferung. Insbesondere fällt hierunter die Materialsperre. Der Verkauf wird hauptsächlich durch Wegnahme der Kundschaft auf dem Weg gesperrt, daß die Abnehmer für eine Warengattung veranlaßt werden, mit dem Sperregegner keinen Abschluß zu machen. Den Materialbezug kann das K. selbst nur sperren, wenn ihm nicht bloß Unternehmer angehören, die dasselbe Erzeugnis wie der zu bekämpfende Konkurrent herstellen, sondern auch solche des vorangehenden Produktionsabschnittes, z. B. Webwarenfabrikanten und Spinner (sog. vertikale Organisation). Die Absatzsperre kann ein K. selbständig nur durchführen, wenn es Unternehmungen umfaßt, die sich nicht nur mit der Herstellung einer Ware, sondern auch mit der Weiterverarbeitung oder mit dem

Vertriebe an die Verbraucher befassen. Umfaßt das K. nicht Unternehmungen zweier Wirtschaftsstufen, so kann es die Sperre nur mit Hilfe von Unternehmern außerhalb seines Kreises ausführen. Auf diese verschafft es sich Einfluß durch den Abschluß von Exklusivverträgen mit dem K., dem sie etwa angehören oder mit ihnen selbst, also durch die Eingehung von Verträgen, durch welche sich die Beteiligten zu einem ausschließlichen Geschäftsverkehr miteinander oder in der Weise gegenseitig verpflichten, daß sie auf die Mitteilung des Gegners hin den Verkehr mit dem zu Sperrenden ablehnen oder aufheben wollen. Auch dadurch kann sich ein K. die Hilfe fremder Unternehmungen sichern, daß es ihnen unter Zusicherung eines Rabattes die Verpflichtung auferlegt, ihren Bedarf an Waren ausschließlich bei den KMitgliedern zu decken und im Falle der Zuwiderhandlung gegen diese Verpflichtung den Rabatt zurückzuzahlen (Exklusivklausel in Gestalt einer Treurabattrede). — Von den Sperrmaßnahmen unterliegt nur die Verhängung einer Sperre der Erlaubnis. Nicht einer solchen bedürfen demnach 1. die eine Verhängung nur vorbereitenden Schritte, wie z. B. ein Verbandsbeschluß, daß ein Exklusivvertrag bestimmten Inhalts mit einem anderen Verband abgeschlossen werden soll, und 2. die zwar sofort wirksamen, jedoch auf einen unbestimmten Personenkreis abzielenden Beschlüsse, also auch noch nicht einmal die Exklusiv- oder Treurabatt-Verträge selbst, es sei denn, daß sie dem Vertragsgegner des K. nicht schlechthin die Pflicht auferlegen, sich des geschäftlichen Verkehrs mit Nichtmitgliedern des K. zu enthalten, sondern nur für den Fall des Eintritts gewisser Ereignisse in der Person eines Außenseiters oder eines KMitgliedes und einer dementsprechenden Mitteilung durch das hierfür zuständige KOrgan. In diesem Fall liegt in der Mitteilung die Sperrmaßnahme. In den Fällen unter 1 und in den Regelfällen unter 2 kann nur aus § 4 eingeschritten werden (vgl. Anm. 2 zu § 4). Das Erfordernis unter 2 ergibt sich aus der Nebeneinanderstellung der Sperrenverhängung mit der zweifellos nur gegen individuell bestimmte Unternehmer gerichteten Maßnahme der Sicherheitenverwertung sowie daraus, daß Abs. 2 des § 9 im Gegensatz zu § 4 Abs. 2 auch geprüft wissen will, ob die Bewegungsfreiheit des Betroffenen „zu stark" beschränkt, also wiederum ob ein individuell bestimmter Unternehmer zu sehr in seiner Bewegung gehemmt wird. Darüber kann nur bei Berücksichtigung der Wirtschaftslage eines bestimmten Betriebes geurteilt werden. — Unter der Verhängung von Nachteilen von ähnlicher Bedeutung ist die Verhängung von Maßnahmen zu verstehen, die in ihren wirtschaftlichen Wirkungen einer Sperre nahestehen, wie z. B. ein Beschluß, daß ein Einkaufsverein unter für ihn unvorteilhafteren Bedingungen oder langsamer beliefert werden soll als andere Abnehmer.

2. Nach Abs. 2 ist die Einwilligung stets zu erteilen, wenn nicht anzunehmen ist, daß eine der dort bezeichneten beiden Voraussetzungen für die Versagung gegeben ist. Beim Vergleich der Vorschrift mit § 4 zeigt § 9 eine für die Auslegung bedeutsame Verschiedenheit. Während nach § 4 Abs. 2 die Beschränkung der wirtschaftlichen Bewegungsfreiheit als Unterlage für die Maßnahmen aus Abs. 1 nur vermöge ihrer störenden Einwirkung auf die Gesamtwirtschaft und das Gemeinwohl in Betracht kommt, rechtfertigt sie die Versagung aus § 9 nur mit Rücksicht auf die Bedrohung der Wirtschaftslage des betroffenen Individuums. Sie wird in § 9 nicht als ein Unterfall der Störung der öffentlichen Wohlfahrt, sondern als ein neben ihr zu berücksichtigender, mit ihr auf gleicher Stufe stehender Vorgang aufgeführt. Daraus folgt, daß der Gesetzgeber die Maßnahmen in Abs. 1 nicht nur vom Standpunkt der öffentlichen, sondern auch der privatwirtschaftlichen Interessen geprüft wissen will. Es handelt sich demnach nicht um die Verhütung eines polizeiwidrigen und die Herstellung eines polizeigemäßen Zustandes, der unter privatrechtlichen Gesichtspunkten immer noch rechtswidrig sein kann und deshalb bei einem damit verbundenen Eingriff

in die Privatrechte eines Dritten diesem die Geltendmachung der Rechtsbehelfe des Privatrechts offen läßt, sondern um die Prüfung der Rechtmäßigkeit der Maßnahme überhaupt. Ist die Erlaubnis erteilt, so kann der Betroffene nicht mehr aus § 1 UWG. oder § 826 BGB. gegen das K. oder die KMitglieder vorgehen, weil durch das angewendete Druckmittel sein Ruin herbeigeführt werde oder der ihm zugefügte Nachteil zu dem erstrebten Vorteil in keinem erträglichen Verhältnis stehe. Auch nach diesen Richtungen hat sich die Prüfung des Vorsitzenden zu erstrecken. Die rechtskräftige Erlaubniserteilung stempelt daher die Maßnahmen aus Abs. 1 zu rechtmäßigen Vorkehrungen. — Die Nichtachtung des Verbots des Abs. 1 zieht Ordnungsstrafe nach sich (§ 17) und hat, wenn die verbotswidrige Handlung ein Rechtsgeschäft ist, mit Rücksicht darauf, daß der § 9 nicht nur den Schutz bestimmter Personen, sondern auch die Wahrung der Interessen der Allgemeinheit bezweckt, gemäß § 134 BGB. die Nichtigkeit des Geschäfts zur Folge. Da das Verbot neben den Interessen der Gesamtheit auch private Interessen schützen will, so haften die Teilnehmer an der verbotswidrigen Handlung dem Betroffenen aus § 823 Abs. 2 BGB. Auch das mit Rechtsfähigkeit ausgestattete K. kann haftbar sein (§ 31 ev. § 831 BGB.).

3. Den Antrag auf Einwilligung stellt das K., welches nach dem bei § 8 unter 4 Bemerkten auch, soweit es keine juristische Person ist, als Antragsteller auftreten kann. Der in erster Instanz zuständige Vorsitzende des KG., an dessen Stelle in den in Abs. 4 bezeichneten Fällen, d. h. bei Verträgen, die nur die Industrie oder den Handel eines Landes oder Landesteiles berühren, eine andere Stelle mit der Entscheidung betraut werden kann, hört den Antragsgegner (§ 2 S. 2 VerfVO.) und entscheidet dann in zustimmendem oder in ablehnendem Sinn. Die Zustimmung kann er dahin befristen, daß die Verhängung der Sperre, wenn sie nicht binnen eines bestimmten Zeitraums erfolge, unzulässig wird. Gegen die Entscheidung des Vorsitzenden können die Beteiligten binnen einer Woche

nach der Zustellung die Entscheidung des KG. anrufen. Ist die Genehmigung stillschweigend im Sinne des Abs. 3 erteilt, so läuft die Beschwerdefrist vom Ablauf der Dreiwochenfrist an. Vor dem Ablauf der Anfechtungsfrist des Abs. 5 kann das K. von der Erlaubniserteilung des Vorsitzenden nur mit Einverständnis aller Beteiligten Gebrauch machen. Die Einwilligung des Vorsitzenden bleibt daher ohne Bedeutung, wenn das KG. sie aufhebt. Der Vorsitzende kann der Beschwerde gegen seine Entscheidung selbst abhelfen, sei es, daß er auf Grund berichtigter Unterlagen, sei es, daß er wegen veränderter Umstände die Erteilung oder die Versagung der Genehmigung zurückzieht. Das KG. ist hierzu nicht in der Lage, da ein Wiederaufnahmeverfahren wegen der unerträglichen Folgen des Widerrufs einer einmal erteilten Erlaubnis auch hier nicht für zulässig gelten kann und eine Vorschrift, wie die im § 7 Abs. 3 enthaltene, fehlt.

4. Der innere Zusammenhang zwischen den Abs. 6 und 7 und den Abs. 1—5 wird durch die Erwägung hergestellt, daß auch noch der Mißbrauch anderer Druckmittel als der in Abs. 1 genannten bei der Handhabung des inneren Organisationszwanges verhindert werden soll. Der Abs. 7 will es ausschließen, daß der Kündigende durch Nachteile, die mit der Kündigung verknüpft werden, von dieser abgehalten wird, und der Abs. 6 will verhüten, daß der Betroffene durch die Zurückhaltung einer Sicherheit zum Wiedereintritt veranlaßt wird. Daraus ergibt sich der zwingende Charakter der Vorschriften, so daß sie durch abweichende Vereinbarungen der Beteiligten nicht außer Kraft gesetzt werden können. Hinsichtlich des Abs. 6 folgt daraus, daß die Rückgabepflicht durch Aufrechnung und die Ausübung von Zurückhaltungsrechten nicht aufgehoben oder hinausgeschoben werden darf. Sicher ist dies unzulässig, wenn das K. von diesen Befugnissen nur Gebrauch macht, um einen Druck auf den Rückgabeberechtigten auszuüben. Bei der schweren Nachweisbarkeit dieses Motivs muß aber auch sonst die Ausübung dieser Rechte für ausgeschlossen gelten.

Dem Zessionar des Rückgabeberechtigten gegenüber gilt das gleiche, wenn ihm im Falle der Zulassung jener Rechtsbehelfe der Rückgriff auf den Zedenten offenstehen würde. — Vereinbarungen der in Abs. 7 bezeichneten Art sind nur dem Kündigenden gegenüber, also bedingt (relativ) unwirksam, so daß es nur von dessen Willen abhängt, ob auf die Unwirksamkeit Rücksicht zu nehmen ist. Er kann auf das Recht, die Unwirksamkeit anzuwenden, verzichten.

5. Die Versagungsgründe des § 9 Abs. 2 weisen darauf hin, daß an sich auch Zwangsmaßnahmen im Ausland ansässiger K. im Sinne von Abs. 1, welche sich gegen deutsche Unternehmer richten, der Genehmigung bedürfen. Allein ein Zwang zum Nachsuchen der Genehmigung (§ 17) läßt sich gegen die ausländische Geschäftsleitung nicht durchführen. Ein mittelbares Druckmittel ist nur in den Fällen gegeben, wo das ausländische K. zur Verwertung von Sicherheiten inländischer Unternehmer der Hilfe der deutschen Gerichte bedarf, z. B. bei der Geltendmachung von Vertragsstrafen. In einem solchen Fall muß die Nichtbeachtung des Abs. 1 zur Abweisung der Klage führen. — Vereinbarungen der in Abs. 7 genannten Art ist bei den ausländischen Kartellen die Wirkung im Inland zugunsten inländischer Unternehmer auch dann zu versagen, wenn das ausländische Recht keine Handhabe dazu bietet (Art. 30 EG. z. BGB.).

§ 10.

Sind Geschäftsbedingungen oder Arten der Preisfestsetzung von Unternehmungen oder von Zusammenschlüssen solcher (Trusts, Interessengemeinschaften, Syndikaten, Kartellen, Konventionen und ähnlichen Verbindungen) geeignet, unter Ausnützung einer wirtschaftlichen Machtstellung die Gesamtwirtschaft oder das Gemeinwohl zu gefährden (§ 4 Abs. 2), so kann das Kartellgericht auf Antrag des Reichswirtschafts-

ministers allgemein aussprechen, daß die benachteiligten Vertragsteile von allen Verträgen, die unter den beanstandeten Voraussetzungen abgeschlossen sind, zurücktreten können[1]. Ist anzunehmen, daß der Vertrag auch ohne die beanstandete Voraussetzung abgeschlossen worden wäre, so berechtigt die Entscheidung des Kartellgerichts nur zum Rücktritt von der beanstandeten Geschäftsbedingung oder von der auf Grund der beanstandeten Art der Preisfestsetzung getroffenen Preisvereinbarung.

Bei Verträgen, die die Verpflichtung zu mehreren selbständigen Teilleistungen enthalten (Sukzessivlieferungsverträgen) ist der Rücktritt insoweit ausgeschlossen, als die Teilleistungen von beiden Vertragsteilen vollständig erfüllt sind.

Die Entscheidung des Kartellgerichts ist nach seiner näheren Anordnung öffentlich bekanntzumachen.

Das Rücktrittsrecht erlischt, wenn nicht der Rücktritt binnen 2 Wochen seit Bekanntmachung der Entscheidung erklärt wird.

Verträge, die nach Bekanntmachung der Entscheidung unter den beanstandeten Voraussetzungen abgeschlossen werden, sind insoweit nichtig. § 139 des Bürgerlichen Gesetzbuchs findet entsprechende Anwendung.

Streitigkeiten darüber, ob und inwieweit der Rücktritt nach Abs. 1 und 2 zulässig war oder ob Verträge ganz oder zum Teil gemäß Abs. 5 nichtig sind, entscheiden die ordentlichen Gerichte.

Auf Antrag des Reichswirtschaftsministers oder von Amts wegen kann das Kartellgericht eine Entscheidung nach Abs. 1 aufheben oder abändern, wenn

die Voraussetzungen nachträglich weggefallen sind. Die Entscheidung ist öffentlich bekanntzumachen und wirkt vom Zeitpunkt der Bekanntmachung ab[2, 3].

1. Während die §§ 4—9 dem Mißbrauch der wirtschaftlichen Machtstellung der K. auch im Bereiche ihres inneren Lebens entgegenzutreten bezwecken, befaßt sich der § 10 mit diesem Mißbrauch lediglich auf dem Gebiet des äußeren Geschäftsbetriebes. Er unterwirft aber gleichzeitig, wie schon bei § 1 in Anm. 3 hervorgehoben wurde, den Geschäftsverkehr auch anderer Unternehmungen als der K. einer polizeilichen Aufsicht. Und zwar sind es neben den Einzelunternehmungen Zusammenschlüsse solcher in jeglicher Gestalt, die er ins Auge faßt. Als solche Zusammenschlüsse nennt er neben den K. und kartellähnlichen Vereinigungen die Trusts und Interessengemeinschaften. Voraussetzung der Einbeziehung eines Unternehmens oder einer Unternehmervereinigung in die Aufsicht ist es, daß sie eine wirtschaftliche Machtstellung behaupten. Die K. bieten vermöge ihrer Struktur, die mit der erhalten bleibenden rechtlichen und wirtschaftlichen Selbständigkeit der in ihnen vereinigten Unternehmer zusammenhängt, insbesondere auch mit Rücksicht auf den Organisationszwang, den sie ausüben, mehr Angriffspunkte dar als die Einzelunternehmungen und die Unternehmungen in Form der Interessengemeinschaften und der Trusts. Diese können wegen der einheitlichen Leitung und Bewirtschaftung, der sie unterstehen. nur in ihrem äußeren Geschäftsverkehr getroffen werden. Die Interessengemeinschaften können jedoch den K. in ihrem Aufbau so nahestehen, daß sie, wie bei § 1 Anm. 3 schon dargelegt wurde, als kartellähnliche Zusammenschlüsse anzusehen sind und deshalb die Herrschaft der §§ 1—9 unterliegen. — Unternehmungen sind alle gewerblichen, d. h. auf einen zusammenhängenden Komplex von Geschäften gerichteten, als Erwerbsquelle dienenden Betriebe, mögen es nun Handels-, industrielle, Transport-, Theater- oder Anstaltsbetriebe sein. Die Berufsausübung des Anwalts und des Arztes gehört der

allgemeinen Auffassung entsprechend nicht hierher, die des Arztes auch nicht, sofern er eine Heilanstalt betreibt, die ihm zur Unterstützung seiner beruflichen Tätigkeit dient. — Eine Machtstellung nimmt ein Unternehmer oder ein Zusammenschluß von Unternehmern ein, wenn sie vermöge des in ihren Unternehmungen angelegten Kapitals, der ihnen zur Verfügung stehenden besonders tüchtigen Arbeitskräfte, der ihnen zustehenden Ausschlußrechte (Patent- und Gebrauchsmusterrechte) auf den Markt, insbesondere auf die Gestaltung des Preises in dem in Frage stehenden Erwerbszweig, einen nicht unbedeutenden Einfluß ausüben. Eine absolute Machtstellung im Sinne einer völligen Unabhängigkeit von der Konkurrenz ist nicht erforderlich. Es sind hierher auch die wirtschaftlichen Unternehmungen der Körperschaften des öffentlichen Rechts, wie Wasser- und Gaswerke zu zählen, dafern nicht § 19 eingreift (s. dort). — Überwacht wird der äußere Geschäftsverkehr der Unternehmungen in der Gestalt, die er in den Geschäftsbedingungen und Arten der Preisfestsetzung annimmt, welche die Unternehmer in Betätigung ihrer Machtstellung den zu ihnen in Beziehung tretenden Lieferanten oder Abnehmern auferlegen und welchen sich diese infolge ihrer wirtschaftlichen Abhängigkeit unterwerfen müssen, um absetzen oder kaufen zu können. Diese Geschäftsbedingungen usw. müssen, da sie im allgemeinen und da nicht die einzelnen Geschäfte, deren Inhalt sie bilden, Gegenstand der Überwachung sind, in den Verträgen der Unternehmer eines bestimmten Erwerbszweiges regelmäßig wiederkehrende, typische sein, wie sie in den Verträgen zahlreicher Industrien mit ihren Abnehmern — man denke an die Unternehmungen der Textilindustrie, die Brauereien usw. — häufig vorkommen. — Da neben den Geschäftsbedingungen die Arten der Preisfestsetzung besonders genannt werden, so folgt, daß Preisabreden von den Bedingungen nicht mit umfaßt werden. Aus der Bezeichnung „Arten der Preisfestsetzung" erhellt aber, daß hier nur an die in der Inflationszeit geläufigen Vertragsklauseln über die Umrechnung von Papiermarkzahlungen in die zur Preisstellung verwendeten ausländischen Währungen und an ähnliches gedacht ist. Unter die Arten der Preisfestsetzung gehören auch Abreden über die Preisberechnung, die zum Vertragsbestandteil erhoben sind, nicht aber Vereinbarungen über die Höhe des festbemessenen Preises. — Über das Erfordernis der Gefährdung der Gemeinwirtschaft oder des Gemeinwohls vgl. Anm. 2 zu § 4. Bei der Prüfung des Erfordernisses kann der Natur der Sache nach nur auf die Gefahr abgestellt werden, die sich aus der Vertragsklausel im allgemeinen, also ohne die Hinzunahme der Umstände des Einzelfalles ergibt. Jedoch ist selbstverständlich die jeweilige wirtschaftliche Lage zu berücksichtigen. Eine Zahlungsbedingung, die zur Zeit der Geldknappheit gerechtfertigt ist, kann sich bei einer wesentlichen Besserung des Geldmarktes als zu hart und als eine unbillige Verletzung der Interessen der Händler und Verbraucher erweisen. Sehr häufig wird ein Vertrag, der Bestandteile der in § 10 Abs. 1 S. 1 bezeichneten Art enthält, im Anschluß an die Rechtsprechung des RG. — s. namentl. RGZ. Bd. 79 S. 229 und Bd. 103 S. 82 — gemäß § 138 BGB. für nichtig zu erachten sein. Dann bleibt für ein Einschreiten aus § 10 kein Raum. § 138 gestattet indessen nur die Berücksichtigung der z. Z. des Vertragsschlusses vorliegenden Umstände, während nach § 10 die Vertragsklauseln, wie soeben bemerkt, vom Standpunkt der jeweiligen wirtschaftlichen Lage zu prüfen sind.

2. Über die Zulässigkeit der Geschäftsbedingungen usw. entscheidet das KG., in geeigneten Fällen dessen Vorsitzender allein (§ 13). Das Verfahren wird eingeleitet durch einen Antrag des Reichswirtschaftsministers oder des Reichsernährungsministers. Er richtet sich gegen die Unternehmer, welche die Vertragsklauseln anwenden. Das KG. ist an die Grenzen des Antrags gebunden und kann andere Bedingungen, als die vom Minister angegriffenen nicht beanstanden. Wohl aber kann es und muß es die angegriffenen Bedingungen im Zusammenhang mit anderen Vertragsbedingungen würdigen.

Der Beschluß, welcher durch Verkündung und bei unterbleibender Verkündung (s. § 31 Abs. 2 VO.RWG.) durch Zustellung an die Beteiligten ins Leben tritt und bis dahin vom KG. geändert werden kann, hat im Falle der Beachtung des Antrags dahin zu lauten, daß die Klausel, gegen die sich der Antrag richtet, beanstandet werde und daß die durch die Klausel benachteiligten Vertragsteile von Verträgen, die unter den beanstandeten Voraussetzungen geschlossen sind, zurücktreten können. Um Bedenken über die Identität der Klausel auszuschließen, empfiehlt sich eine möglichst genaue Wiedergabe der Bestimmung in der Entscheidung und, wenn Zweifel über die Tragweite der Klausel entstehen können, auch eine Angabe hierüber. — Mit der Bekanntmachung der dem Antrag stattgebenden Entscheidung entsteht das Rücktrittsrecht. Da die VO. die Frist für die Ausübung des Rücktrittsrechts für alle Beteiligten gleichmäßig regelt, so ist eine Gleichmäßigkeit auch hinsichtlich des Zeitpunktes der Entstehung des Rechts anzunehmen. Die Entscheidung enthält zugleich das stillschweigende Verbot, daß weitere Verträge unter den beanstandeten Voraussetzungen abgeschlossen werden. Geschieht es dennoch, so sind die Verträge nichtig. Die Entscheidung kann vom KG. von Amts wegen oder auf Antrag des Ministers aufgehoben oder geändert werden, wenn die Voraussetzungen nachträglich wegfallen, also die Machtstellung des Antraggegners oder die gefährdende Wirkung der beanstandeten Vertragsbedingungen erlischt. Wirksam ist eine solche Entscheidung erst vom Zeitpunkt der öffentlichen Bekanntmachung ab. Die rechtlichen Folgen der bis dahin erfolgten Rücktrittserklärungen bleiben bestehen. Die Aufhebung der Entscheidung im Wiederaufnahmeverfahren, welche ex tunc wirken müßte, würde unerträgliche Verwirrung stiften und ist deshalb als unzulässig zu betrachten. — Ob der Rücktritt einen Vertrag voll oder nur teilweise ergreift, ist nach § 139 BGB. zu entscheiden. Die Vorschrift wird zwar nur in Abs. 5 in Bezug genommen. Abs. 1 S. 2 gibt aber auch nur den Rechtsgrundsatz des § 139 wieder. Wer behauptet, daß der Vertrag auch ohne die beanstandete Bestimmung abgeschlossen worden wäre, ist hierfür beweispflichtig. Steht es fest, so ist die durch den Wegfall der Bestimmung entstehende Vertragslücke so auszufüllen, wie es die Parteien als verständige Geschäftsleute bei Beobachtung von Treu und Glauben getan hätten, wenn ihnen beim Vertragsschluß bewußt gewesen wäre, daß der in Frage stehende Vertragspunkt nicht so, wie geschehen, geregelt werden dürfe. — In einer zweiten Richtung schränkt Abs. 2 die Rücktrittfolgen ein, sofern er bei Verträgen, welche die Verpflichtung zu mehreren selbständigen Teilleistungen enthalten (Sukzessivlieferungsgeschäften) die Folgen hinsichtlich der Teilleistungen ausschließt, die von beiden Vertragsteilen vollständig erfüllt sind. Es fragt sich, ob diese Vorschrift auf dem Wesen des Sukzessivlieferungsvertrags oder auf der Erwägung beruht, daß der Vertrag, soweit er durch Erfüllung erledigt und sein wirtschaftlicher Zweck damit teilweise erreicht ist, nicht mehr der Auflösung verfallen soll. Das letztere ist anzuehnmen. Der handelsrechtliche Sukzessivlieferungsvertrag und seine Eigenart können dem Gesetzgeber nicht vorgeschwebt haben. Denn diese Vertragsart kennzeichnet sich gerade dadurch, daß die einzelnen Raten, in denen erfüllt werden soll, mit Rücksicht auf ihre Zweckbestimmung, einem Geschäftsbetriebe für längere Dauer eine sichere Grundlage zu geben, eine Einheit bilden. Die VO. redet jedoch von Verträgen, welche zu mehreren selbständigen Teilleistungen, also zu Leistungen verpflichten, die kein unteilbares Ganzes darstellen, wie z. B. die Verträge der Überlandzentralen mit ihren Abnehmern über die Belieferung mit elektrischem Strom. Nicht ergriffen werden daher von der Vorschrift die Verträge, welche eine unteilbare Leistung zum Gegenstand haben, möge nun einmalige oder ratenweise Erfüllung bedungen sein, wie z. B. bei einem Vertrag über die Lieferung einer Heizungsanlage für ein Haus. — Die Ermächtigung des benachteiligten Vertragsteiles zum Rücktritt bedeutet die Verleihung eines privatrechtlichen Rechtsbehelfs zur Wahrung der in Abs. 1 bezeichneten Interessen der Allgemeinheit. Das Rücktrittsrecht unterliegt deshalb nur im beschränkten Maße der Verfügung des Berechtigten. Es kann nicht im Vertrage ausgeschlossen werden. Jedoch ist das bereits entstandene Recht verzichtbar. Hat der Berechtigte mehrere Verträge, welche die beanstandete Geschäftsbedingung enthalten, mit einem Unternehmer abgeschlossen, so steht es bei ihm, ob er von allen oder nur von einem Teil und von welchen Verträgen er zurücktreten will. — Die Voraussetzung für die Ermächtigung zum Rücktritt, daß der Vertragsgegner des Unternehmers durch die beanstandete Geschäftsbedingung benachteiligt ist, kann zutreffend nur bei Berücksichtigung der Gesamtheit der Umstände des Falles und unter Abwägung der beiderseitigen Interessenlage beurteilt werden. Es ist zu prüfen, ob der Vertragsgegner härter belastet erscheint, als er im Hinblick auf die Verpflichtungen des Unternehmens vom Billigkeitsstandpunkt aus belastet werden durfte. Hierbei sind auch erst nach dem Vertragsschluß eingetretene Umstände in Betracht zu ziehen. Es ist zu fragen, ob der Vertragsgegner durch die angreifbare Vertragsklausel zur Zeit der Entscheidung des KG. benachteiligt oder noch benachteiligt ist. Harte Zahlungsbedingungen, die in der Zeit des Währungsverfalls und der Unsicherheit der Außenstände gerechtfertigt waren, können bei wesentlicher Besserung der Verhältnisse nicht mehr am Platze sein. — Die Ermächtigung zum Rücktritt ist eine allgemeine, nicht auf einzelne Verträge zugeschnittene. Ein Rücktrittsrecht kann daher aus ihr nicht abgeleitet werden, wenn dem benachteiligten Vertragsteilnehmer die Einwendungen aus den §§ 351—353 BGB. entgegenstehen, die ebenso wie die übrigen Vorschriften über das vertragsmäßige Rücktrittsrecht trotz des Fehlens einer Vorschrift wie in § 327 anwendbar sind. — Die Entscheidung darüber, ob in einem Einzelfall das Rücktrittsrecht ausgeübt werden durfte oder ob das in Frage kommende Geschäft nichtig ist und welche Rechtsfolgen sich für den einzelnen aus dem Rücktritt ergeben, gehört zur Zuständigkeit der Gerichte. Dabei haben sie in Zweifelsfällen auch die Tragweite der kartellgerichtlichen Ermächtigung zu prüfen. Eine Prüfung der Voraussetzungen der Ermächtigung steht ihnen dagegen nicht zu.

3. Ein Vorgehen aus § 10 ist auch gegen die inländischen Verkaufsstellen ausländischer K. in bezug auf Geschäfte zulässig, die von diesen in eigenem Namen abgeschlossen sind und die deutsche Gesamtwirtschaft oder das deutsche Gemeinwohl gefährden.

§ 11.

Das Kartellgericht wird beim Reichswirtschaftsgericht gebildet. Es entscheidet in der Besetzung von einem Vorsitzenden und vier Beisitzern.

Den Vorsitzenden und seine Stellvertreter bestellt der Reichspräsident. Sie müssen die Fähigkeit zum Richteramte haben.

Die Beisitzer bestimmt der Präsident des Reichswirtschaftsgerichts. Ein Beisitzer ist ein Reichswirtschaftsgerichtsrat; auf seine Ernennung durch den Reichspräsidenten findet die Vorschrift des § 5 der Verordnung über das Reichswirtschaftsgericht vom 21. Mai 1920 in der Fassung des § 65 der Entschädigungsordnung vom 30. Juli 1921 (RGBl. S. 1046) keine Anwendung. Zwei Beisitzer sind unter Berücksichtigung der widerstreitenden wirtschaftlichen Belange einzuberufen. Als weiterer Beisitzer ist eine sachkundige Persönlichkeit einzuberufen, von der erwartet werden darf, daß sie die Belange des Gemeinwohls unabhängig von den widerstreitenden wirtschaftlichen Belangen vertreten werde. Die Beisitzer nach Satz 3 und 4 sind Listen zu entnehmen, die der Reichswirtschaftsminister aufstellt[1, 2].

1. Die Aufgaben, welche dem KG. durch die §§ 4, 7, 9, 10 übertragen sind, liegen auf dem Gebiete des öffentlichen Rechts. Mit Rücksicht hierauf ist das KG. ebenso wie das RWG. — RGZ. Bd. 106 S. 406 — als ein Verwaltungssondergericht anzusehen, dem aus Zweckmäßigkeitsgründen zugleich die Zuständigkeit für die Entscheidung der privatrechtlichen Streitigkeiten des § 8 übertragen worden ist (vgl. § 13 GVG.). — Der § 11 regelt die Verfassung des KG. Da § 1 Verf.VO. nur die das Verfahren vor dem RWG. betreffenden Vorschriften in den dort bezeichneten Grenzen für anwendbar erklärt, so können die Vorschriften in den §§ 1—16 VO.RWG. nicht herangezogen werden, insbesondere auch § 7 Abs. 2—5 und § 8 nicht (s. u. bei § 22). § 17 ist als Verfahrensbestimmung zu betrachten.

2. Bei den Entscheidungen des KG. haben außer dem Vorsitzenden, der ebenso wie sein Stellvertreter vom Reichspräsidenten bestellt wird und die Fähigkeit zum Richteramt haben muß, ein vom Präsidenten des RWG. zu bestimmender RW.Rat, dem jene Fähigkeit fehlen darf, und drei Laienbeisitzer mizuwirken. Für deren Auswahl sind die Bestimmungen in Abs. 3 S. 3—5 und die Erwägung maßgebend, daß möglichst unbefangene und zur Vermeidung von Beweiserhebungen möglichst sachkundige Personen heranzuziehen sind. Gegen die Mitwirkung befangener Richter bietet § 18 VO.RWG. Schutz. Die Ausschließungsgründe sind gegenüber der ZPO. (§ 41) erweitert. Die Ablehnung kann selbstverständlich auf die Berücksichtigung der in Abs. 3 S. 3 vorgeschriebenen Gesichtspunkte bei der Auswahl allein nicht gestützt werden.

§ 12.

Die Zuständigkeit des Kartellgerichts ist ausschließlich[1].

Die Entscheidung des Kartellgerichts ist endgültig und für Gerichte und Schiedsgerichte bindend, auch so-

weit sie die Frage der Zuständigkeit des Kartellgerichts betrifft[2, 3, 4].

Hängt die Entscheidung eines Rechtsstreits ganz oder zum Teil von einer Feststellung ab, für welche das Kartellgericht zuständig ist, so hat das Gericht die Verhandlung bis zur Entscheidung des Kartellgerichts auszusetzen. Die an einem solchen Rechtsstreit Beteiligten haben das Recht des selbständigen Antrags an das Kartellgericht, wenn es der Reichswirtschaftsminister abgelehnt hat, einen solchen Antrag zu stellen oder binnen 2 Wochen nach Eingang eines entsprechenden Gesuchs den Antrag nicht gestellt hat[5].

1. Die Zuständigkeit des KG., welche sich aus den §§ 4 Abs. 1 Nr. 1, 7 Abs. 1—3, 8 Abs. 3, 9 Abs. 5, 10 Abs. 1 und Abs. 7, 17, 21 Abs. 1 ergibt, ist eine ausschließliche. Sie kann daher durch Parteivereinbarung nicht ausgeschlossen werden. Eine andere als die gesetzliche Zuständigkeit kommt nicht in Frage. Auf die Zuständigkeit des KG. können sich die Parteien wegen der Unanwendbarkeit von § 3 VO. RWG. nicht einigen.

2. Die Endgültigkeit ist gleichbedeutend mit der formellen Rechtskraft, d. h. der Unzulässigkeit der Anfechtung mit Rechtsmitteln, dagegen nicht gleichbedeutend mit dem Ausschluß des Wiederaufnahmeverfahrens, das ein durch Entscheidung abgeschlossenes Verfahren gerade voraussetzt. Die Wiederaufnahme muß vielmehr, soweit sie nich+, wie in den Fällen der Nichtigkeitserklärung, bei der Entscheidung über die Rechtmäßigkeit einer Kündigung, sowie der Entscheidung aus § 9 durch die Natur der Sache ausgeschlossen wird, in den Grenzen des § 42b VO. RWG. für zulässig gelten. Das KG. nimmt in einer Entscheidung vom 15. Februar 1924 das Gegenteil an, weil in § 2 Verf.VO. für seine Entscheidungen die Beschlußform angeordnet worden sei, um die Unabänderlichkeit damit auszusprechen. Der Schluß ist nicht bündig, weil sonst auch

die von einem „Urteil" redenden §§ 39, 42, 42a VO. RWG. und der im Hinblick auf die Untersagungsklage (§ 4 Nr. 1) wichtige § 44 nicht anwendbar sein würden, eine Annahme, die sich von selbst verbietet. Daraus, daß in einzelnen Fällen (§ 7 Abs. 3, § 10 Abs. 7) das KG. zur Aufhebung seiner Entscheidungen ermächtigt ist, kann ein arg. a. contr. nicht hergeleitet werden; denn diese Vorschriften beziehen sich nur auf den nachträglichen Wegfall von Voraussetzungen.

3. Endgültig und bindend für die Gerichte und Schiedsgerichte sind die Entscheidungen des KG. nur insoweit, als ihr unmittelbarer Gegenstand in Frage kommt. Keine Verbindungskraft haben die Elemente der Entscheidungen, also namentlich nicht die Aussprüche über Vorfragen. Führt also z. B. das KG. im Falle einer Streitigkeit nach § 8 aus, daß der KVertrag wegen Nichtbeobachtung der Form oder wegen Verstoßes gegen § 138 BGB. oder gegen §§ 2 oder 3 nichtig sei und lehnt es deshalb den Antrag aus § 8 Abs. 3 ab, so ist das ordentliche Gericht in einem Rechtsstreit zwischen dem K. und dem Kündigenden über Ersatzansprüche oder Vertragsstrafen an jene Auffassung nicht gebunden. Eine weitere Bindung würde die Teilnahme der Entscheidungsgründe an der Rechtskraft bedeuten und deshalb eine besondere Anordnung in der VO. erfordert haben. Das gleiche gilt auch von Entscheidungen, welche die Zuständigkeit des KG. betreffen. Sie erwachsen nur insoweit in Rechtskraft, als sie ausdrücklich oder stillschweigend die Zuständigkeit bejahen oder verneinen, nicht aber auch hinsichtlich der Begründung. Gibt z. B. das KG. einem Antrag aus § 8 Abs. 3 statt und bejaht es damit ohne weiteres seine Zuständigkeit, so kann der Streit hierüber vor dem Gericht nicht mit der Begründung erneuert werden, daß das KG. unzuständig gewesen sei. Weist dagegen das KG. den Antrag zurück, weil ein KVerhältnis im Sinne des § 1 nicht vorliege und wird nun der Streit dem ordentlichen Gericht unterbreitet, so ist dieses zwar bei der Beantwortung der Zuständigkeitsfrage an den Ausspruch des KG. gebunden,

nicht aber bei der Prüfung der materiellen Frage, so daß es das Vorliegen eines KVerhältnisses bejahren und über die Wirksamkeit der Kündigung aus § 8 Abs. 2 entscheiden kann. Wird dagegen ein Antrag aus § 8 Abs. 3 vom KG. um deswillen abgelehnt, weil der KVertrag z. Z. der Kündigung bereits erloschen gewesen sei — z. B. wegen des Eintritts einer auflösenden Bedingung — so hat die Entscheidung die Tragweite, daß an sich das KG. zuständig, für eine materielle Entscheidung aber kein Raum sei. Der Streit kann in diesem Falle nicht mehr vor den ordentlichen Richter gebracht werden, weil die Bejahung der Zuständigkeit des KG. die Verneinung der Zuständigkeit der ordentlichen Gerichte in sich schließt.

4. Aus dem zu § 1 unter 8 Bemerkten folgt, daß die Rechtskraft der Nichtigkeitserklärung gemäß § 4 Nr. 1 und der Entscheidung über die Rechtmäßigkeit einer Kündigung aus § 8 sich nur auf das KVerhältnis beschränkt und daß über die Rückwirkungen eines solchen Ausspruchs auf die organisatorischen Bestimmungen das Gericht zu befinden hat.

5. Die Entscheidung der Vorfragen, welche zur Zuständigkeit des KG. gehören, haben die Gerichte diesem zu überlassen. Der Grundsatz, daß die Entscheidungsgewalt der Gerichte auch die Vorfragen, und zwar auch die auf dem Gebiete des öffentlichen Rechts liegenden umfaßt, wird durch den § 12 Abs. 3 durchbrochen. Beim Auftauchen solcher Streitpunkte, für welche das KG. zuständig ist, müssen die ordentlichen Gerichte die Verhandlung bis zu der einzuholenden Entscheidung des KG. aussetzen. Wird dies übersehen und entscheidet das ordentliche Gericht selbst, so wird die Wirksamkeit seiner Entscheidung dadurch nicht beeinträchtigt. Die Rechtskraft heilt bei Überschreitung der Zuständigkeitsgrenzen durch die Gerichte das mangelhafte Verfahren (arg. §§ 579, 580 ZPO.). Wenn ein Gericht sich nicht nur bei einer Vorfrage, sondern hinsichtlich des ganzen Rechtsstreites irrtümlich für zuständig hält, z. B. sich der Entscheidung eines Streites im Sinne des § 8 Abs. 3 unterzieht, so ist auch ein solches Urteil der Rechts-

kraft fähig. Da das KG. ein Verwaltungssondergericht ist, so greift § 17 Abs. 1 GVG. Platz, wonach die Gerichte über die Zulässigkeit des Rechtsweges entscheiden. Dieser Rechtssatz erleidet nach § 12 eine Einschränkung nur dann, wenn das KG. über seine Zuständigkeit bereits entschieden hat. Nur dann ist die gerichtliche Entscheidungsbefugnis aus § 17 GVG. ausgeschlossen. Auf die Aussetzung des Verfahrens sind die §§ 249, 250, 253 ZPO. anzuwenden. — Die Entscheidung eines Schiedsgerichts, das, sei es in bezug auf eine Vorfrage, sei es hinsichtlich des Streites der Parteien, im ganzen die Zuständigkeit des KG. unbeachtet läßt, kann mit der Aufhebungsklage angegriffen werden und eignet sich nicht als Unterlage für ein Vollstreckungsurteil (§§ 1041 Nr. 1, 1042 Abs. 2 ZPO.). — Vorfragen sind Fragen, die Rechtsverhältnisse betreffen, durch deren Entscheidung die Entscheidung des Rechtsstreites ganz oder zum Teil bedingt ist. Das Verfahren über den präjudiziellen Streitpunkt braucht beim KG. noch nicht anhängig zu sein. Es muß aber zwischen dem Ausgang des Rechtsstreites und der Entscheidung über den Streitpunkt ein strenges Abhängigkeitsverhältnis bestehen. Fordert daher der von einer Sperre Betroffene Schadensersatz, weil die Einwilligung gemäß § 9 nicht nachgesucht ist (§§ 823 Abs. 2, 826 BGB.), so kann das beklagte K. nicht Aussetzung zum Zwecke der Erwirkung der nachträglichen Genehmigung der Sperre fordern. Dagegen kann der auf Erfüllung seiner Vertragspflichten aus dem K-Verhältnis Beklagte eine Aussetzung des Rechtsstreites zum Zwecke der Herbeiführung einer Feststellung des KG. verlangen, daß die von ihm ausgegangene Kündigung des KVertrags wirksam sei. Gegenüber der Klage aus einem Lieferungsvertrag kann der Beklagte Aussetzung begehren, um einen Ausspruch des KG. im Sinne von § 10 Abs. 1 zu veranlassen und dann vom Vertrag zurückzutreten. Dem Mißbrauch des Antrags auf Aussetzung zu Verschleppungszwecken ist dadurch zu steuern, daß für die Beibringung der Entscheidung des KG. eine Frist gesetzt oder daß nach dem Ablauf eines angemessenen Zeitraumes der aussetzende Beschluß aufgehoben wird (§ 150 ZPO.). Die gerichtliche Entscheidung ist alsdann so zu treffen, wie sie hätte ausfallen müssen, wenn das KG. über die Vorfragen zu Ungunsten des Antragstellers entschieden hätte. — In den Fällen des § 4 Nr. 1 und des § 10 Abs. 1 tritt unter den Voraussetzungen des Abs. 2 S. 2 an Stelle der Antragsbefugnis des ablehnenden Ministers das Antragsrecht der an dem Rechtsstreit Beteiligten, das ein selbständiges ist und in seiner Durchführung der Einflußnahme des Ministers nicht unterliegt. Des Antragsrechts aus § 10 Abs. 7 geht der Minister durch die Ablehnung der Antragsstellung aus § 10 Abs. 1 nicht verlustig.

§ 13.

Der Vorsitzende des Kartellgerichts kann in geeigneten Fällen ohne Hinzuziehung von Beisitzern entscheiden.

Gegen die Entscheidung des Vorsitzenden kann binnen drei Tagen nach Zustellung die Entscheidung des Kartellgerichts angerufen werden[1].

1. Die Befugnis des Vorsitzenden des KG. geht weiter als die des Vorsitzenden des RWG., der nach § 21 VO. RWG. einen Bescheid nur dann allein erlassen kann, wenn ein Antrag aus Rechtsgründen ohne weiteres als unzulässig oder unbegründet oder beachtlich erscheint. Der Vorsitzende kann ohne vorherige mündliche Verhandlung und auch ohne vorheriges schriftliches Gehör der Beteiligten entscheiden. § 2 S. 2 Verf.VO. und § 25 Abs. 2 und 3 VO. RWG. beziehen sich nur auf Entscheidungen des Kollegiums. — Der Bescheid des Vorsitzenden muß den Beteiligten zugestellt werden und eine Rechtsmittelbelehrung enthalten. Er wird, wenn die Anfechtung nach Abs. 2 unterbleibt, rechtskräftig und hat alsdann dieselben Wirkungen wie eine Entscheidung des KG. (§ 21 Abs. 4 VO. RWG.). Insbesondere ist sie für Gerichte

und Schiedsgerichte im Umfange des § 12 Abs. 2 bindend. Wird der Bescheid angefochten, so kann der Vorsitzende bei der Nachprüfung nicht mitwirken (§ 18 Abs. 1 Nr. 2 VO. RWG.) Gegen die Versäumung der Frist des Abs. 2 ist unter den Voraussetzungen des § 22 Abs. 1 daselbst Wiedereinsetzung in den vorherigen Stand zulässig.

§ 14.

Der Reichswirtschaftsminister kann in ihm geeignet erscheinenden Fällen zunächst ein Verfahren vor bestimmten, bei den wirtschaftlichen Verbänden bestehenden Einigungsstellen einleiten[1].

1. Schon vor dem Erlaß der VO. wirkten die wirtschaftlichen Spitzenverbände bei der Behebung von Mißständen auf dem Gebiet des KWesens dadurch mit, daß sie Einigungsstellen ins Leben riefen, welche die Aufgabe hatten, den ihnen vorgetragenen Beschwerden durch Einwirkung auf die Beteiligten und durch Herbeiführung von Vergleichen Abhilfe zu schaffen. Diese Einigungsstellen sind nach dem Erlaß der VO. noch vermehrt oder weiter ausgebaut worden. Der § 14 stellt sie, indem er den Reichswirtschaftsminister ermächtigt, zur Vermeidung der härteren Maßnahmen aus §§ 4 und 10 ein Verfahren zur vergleichsweisen Regelung eines Interessenstreites vor ihnen einzuleiten, den Organen an die Seite, welche die VO. mit der Bekämpfung des Mißbrauchs wirtschaftlicher Machtstellungen betraut hat. Vom Reichsverband der deutschen Industrie ist die KStelle gegründet worden, die für die Schlichtung von Streitigkeiten zwischen IndustrieK. zuständig ist. Ein Einigungsausschuß dieser KStelle dient der Erledigung von Streitigkeiten zwischen Industrieverbänden und Industriefirmen oder zwischen solchen Firmen untereinander. Der Zentralverband des deutschen Großhandels hat einen Einigungsausschuß geschaffen, der bei Streitigkeiten zwischen Großhandelsverbänden untereinander oder zwischen

solchen Verbänden und Großhandelsfirmen oder zwischen solchen Firmen tätig wird. Die Hauptgemeinschaft des deutschen Einzelhandels hat ebenfalls einen Einigungsausschuß eingerichtet, der sich mit der Schlichtung von Streitigkeiten zwischen Verbänden des Einzelhandels oder zwischen einzelnen Firmen eines derartigen Verbandes oder zwischen einzelnen Firmen und einem Verband des Einzelhandels befaßt. Die drei erwähnten Spitzenorganisationen haben gemeinsam die KEinigungsstelle ins Leben gerufen, welche bei Streitigkeiten zwischen Angehörigen verschiedener Wirtschaftsstufen, z. B. zwischen Unternehmern des Groß- und des Einzelhandels in Tätigkeit tritt. Für die Verhandlungen von Beschwerden von Genossenschaften gegenüber der Industrie, dem Groß- und Einzelhandel ist eine genossenschaftliche Einigungsstelle da. Für jede dieser Einigungsstellen ist eine Verfahrensordnung aufgestellt (s. diese Ordnungen bei Lehnich-Fischer, Das Kartellgesetz S. 157 f.).

§ 15.

Auf Ersuchen einer Landesregierung hat der Reichswirtschaftsminister zu prüfen, ob und welche der ihm nach dieser Verordnung zustehenden Maßnahmen er zu ergreifen hat. Wird um eine Maßnahme auf Grund des § 4 Abs. 1 Ziffer 1 oder des § 10 ersucht, so hat der Reichswirtschaftsminister, wenn er dem Ersuchen nicht binnen zwei Wochen stattgibt, auf Verlangen der Landesregierung das Ersuchen dem Kartellgerichte zur Entscheidung vorzulegen[1].

1. Die Landesregierungen haben nach S. 1 das selbstverständliche Recht, den Reichswirtschaftsminister von einem unter die VO. fallenden Tatbestand mit dem Ersuchen in Kenntnis zu setzen, die innerhalb seiner Zuständigkeitsgrenzen erforderlichen Maßnahmen zu ergreifen. Bei passivem Verhalten des Ministers kann die Landesregierung die Angelegen-

heit durch einen Bevollmächtigten in einer Vollsitzung oder der Sitzung des zuständigen Ausschusses des Reichsrates zur Sprache bringen lassen (Art. 67 RV.). In den Fällen des § 4 Abs. 1 Nr. 1 und § 10 kann die Landesregierung den Minister um die Stellung der dort bezeichneten Anträge ersuchen und, wenn dies nicht binnen 2 Wochen zum Erfolg führt, um die Vorlegung ihres Ersuchens bei dem KG. bitten. Eignet sich der Minister den Antrag nicht nachträglich noch an, oder widerspricht er ihm, so ist er in dem Verfahren vor dem KG. nur Beteiligter im Sinne von § 19 Abs. 1 VO. RWG. Die Rolle des Antragstellers geht auf die Landesregierung über. Wird der Antrag abgewiesen, so kann ihr eine Gebühr nicht auferlegt werden (arg. § 3 Abs. 1 S. 3 Verf.VO.).

§ 16.

Die in den §§ 4—6, 9 Abs. 4, 10, 12 Abs. 3, 14, 15, 17 und 20 bezeichneten Aufgaben liegen dem Reichsminister für Ernährung und Landwirtschaft innerhalb seiner Zuständigkeit ob[1].

1. Wegen des Zuständigkeitsbereichs des Ministers für Ernährung und Landwirtschaft s. Handbuch für das Deutsche Reich.

Der von einem unzuständigen Minister gestellte Antrag aus § 4 Nr. 1 und § 10 ist als unbeachtlich zurückzuweisen. Maßnahmen, die ein Minister außerhalb seiner Machtgrenzen auf Grund von § 4 Nr. 2 und 3, §§ 5 und 6 trifft und Erklärungen, die er als Beteiligter unter Überschreitung dieser Grenzen abgibt, sind unwirksam. Denn nach § 56 RV. verwaltet jeder Minister den ihm anvertrauten Geschäftszweig selbständig, so daß er in dessen Bereich allein Verwaltungsakte mit rechtlichem Erfolg vornehmen kann.

§ 17.

Wer sich über die auf dieser Verordnung beruhende Nichtigkeit eines Vertrags oder Beschlusses (§§ 1—3,

7, 9 Abs. 7, § 10 Abs. 5, § 21) oder über die Bestimmungen des § 4 Abs. 1 Ziffer 3 oder der §§ 5, 9 Abs. 1 oder 6 bewußt hinwegsetzt[1], kann auf Antrag des Reichswirtschaftsministers vom Kartellgericht mit einer Ordnungsstrafe[2] bestraft werden. Die Ordnungsstrafe besteht in Geldstrafe, deren Höchstmaß unbeschränkt ist.

1. Bewußtes Sichhinwegsetzen über die aus der VO. sich ergebende Nichtigkeit eines Vertrages oder Beschlusses oder über die in § 4 Abs. 1 Nr. 3, §§ 5, 9 Abs. 1 und 6 bezeichneten Bestimmungen fällt nur dem zur Last, der das eine oder andere trotz Kenntnis hiervon unbeachtet läßt. Insbesondere läßt die Nichtigkeit von Verträgen bewußt außer acht, wer Rechte aus dem ihm als nichtig bekannten Vertrag geltend macht und die Nichtigkeit von Beschlüssen, wer sie in Kenntnis der Nichtigkeit durchführt. Auch die ein solches Verhalten vorbereitende Tätigkeit, z. B. die Beauftragung eines Anwalts mit der Erhebung von Ansprüchen aus einem nichtigen Vertrag erfüllt schon den Tatbestand.

2. Die über den Täter zu verhängende Strafe soll eine Ordnungsstrafe sein. Sie soll also den Zuwiderhandelnden zur Beobachtung der Nichtigkeit und der in Betracht kommenden Vorschriften zwingen. Mit Rücksicht auf diese Zweckbestimmung ist die Bestrafung in das Ermessen des KG. gestellt. Aus der Natur der Strafe als Ordnungsstrafe folgt ferner, daß eine Bestrafung nicht mehr zulässig ist, wenn z. B. der Täter in dem unter 1 erwähnten Fall den Auftrag an den Anwalt zurücknimmt oder wenn er die Einreichungspflicht aus § 4 Abs. 1 Nr. 3 und § 5 nachträglich erfüllt. Die Strafe kann auch nicht mehr verhängt werden, wenn die Pflicht, die verletzt ist, nachmals in Wegfall kommt, z. B. wenn eine nach § 4 Abs. 1 Nr. 3 getroffene Maßnahme später aufgehoben wird. — Da die Strafe eine Willensbeugung bezweckt, so kann sie nur physische Personen, bei K. mit körperschaftlicher Verfassung also nur den zu der gebotenen Handlung usw. satzungsgemäß berufenen

Vertreter treffen. Die Umwandlung der nicht beizutreibenden Geldstrafe in Freiheitsstrafe (§ 28 StGB.) ist unstatthaft; für die zwangsweise Beitreibung der Geldstrafe ist § 44 RWG. maßgebend.

§ 18.

Wer es unternimmt[1], einen anderen in seinem geschäftlichen oder wirtschaftlichen Fortkommen[2] zu schädigen, weil dieser von seinem Rechte nach § 4 Abs. 1 Ziffer 2, §§ 8, 10 Abs. 1 und 2 oder § 12 Abs. 3 Satz 2 Gebrauch gemacht oder eine Anordnung oder die Einleitung eines Verfahrens nach §§ 4, 5, 7 bis 10, 15, 16 angeregt hat, oder in der Absicht, ihn von der Ausübung dieser Befugnisse abzuhalten[3], wird mit Gefängnis und mit Geldstrafe bestraft.

1. Die Vorschrift bezweckt, die Freiheit der Willensbetätigung bei Ausübung der in ihr näher bezeichneten Befugnisse zu schützen. Sie bedroht deshalb nicht nur das durchgeführte Unternehmen der Schädigung dessen, dem die Befugnisse zustehen, mit Strafe, sondern auch den Versuch der Schädigung im Sinne von § 43 StGB. Dies ist die Bedeutung des Wortes „Unternehmen". Auf Vorbereitungshandlungen bezieht sich der Ausdruck nicht (RGSt. Bd. 42 S. 266f.).

2. Das Fortkommen des anderen, gegen das sich die strafwürdige Handlung richten muß, umfaßt nicht nur die nach dem gewöhnlichen Lauf der Dinge sich ergebenden Zukunftsaussichten, sondern auch seine bereits begründete wirtschaftliche Stellung und den Kredit. Zu den Zukunftsaussichten gehört auch die regelmäßig zu erwartende Kundschaft, zur Beeinträchtigung der Erwerbsstellung die bereits erlangte feste Kundschaft.

3. Der Täter muß nicht nur in dem Bewußtsein der Schädigung, sondern mit der entsprechenden Absicht handeln. Zur Erfüllung des inneren Tatbestandes ist weiterhin nötig,

daß der Täter bei seinem Unternehmen von einer der in der Vorschrift alternativ angegebenen Beweggründe geleitet wird. Er muß also entweder eine Vergeltung der bereits erfolgten Ausübung der Befugnis oder die Abhaltung des Befugten von der künftigen Ausübung seiner Rechte bezwecken. — Eine aus der Natur der Sache sich ergebende Beschränkung des strafbaren Tatbestandes ist es, daß der Täter nicht zugleich in Verfolgung berechtigter Interessen handeln darf. Die Schädigung eines kündigenden Mitglieds durch Geltendmachung einer dem K. zustehenden Forderung gegen ihn, die Schädigung eines KMitglieds durch rechtmäßige Ausübung des inneren Organisationszwangs — z. B. durch Verwertung einer Sicherheit —, die Schädigung eines Außenseiters durch die berechtigten Mittel des äußeren Organisationszwangs — z. B. durch die genehmigte Verhängung der Sperre —, sind daher auch dann nicht strafbar, wenn sie den unter 1 dargelegten Beweggründen entspringen. Dem Täter kann es nicht zugemutet werden, die Wahrnehmung dieser berechtigten Interessen hinter die Rücksicht auf die Freiheit der Willensentschließung des anderen zurückzustellen.

§ 19.

Die Bestimmungen dieser Verordnung gelten nicht für Verbände[1], deren Bildung in Gesetzen oder Verordnungen angeordnet ist, auch nicht für Geschäftsbedingungen und Arten der Preisfestsetzung (§ 10)[2], die von einer obersten Reichs- oder Landesbehörde im Rahmen ihrer Zuständigkeit angeordnet oder genehmigt sind oder deren Beanstandung unterliegen.

1. Die Unanwendbarkeit der VO. auf Verbände, deren Bildung in Gesetzen und Verordnungen angeordnet ist, beruht darauf, daß es sich hier um Verbände handelt, welche nicht allein die in ihnen zusammengeschlossenen Unternehmungen im Wirtschaftskampf unterstützen sollen, also einzelwirtschaftliche

Ziele im Auge haben, sondern um Verbände, welche zugleich oder sogar vorwiegend gemeinwirtschaftlichen Zwecken dienen sollen. Durch die Organisation dieser Verbände, die Regelung der staatlichen Aufsicht und durch die Heranziehung der Verbandsorgane zur Erledigung von Aufgaben der öffentlichen Verwaltung sind hier die Gefahren, welche die VO. bekämpfen soll, ausgeschlossen oder stark herabgemindert. Als solche Verbände kommen namentlich die Kohlensyndikate — vgl. das G. über die Regelung der Kohlenwirtschaft vom 23. März 1919 und die Ausf.best. dazu vom 21. August 1919 (RGBl. S. 342 1449) — und das Kalisyndikat — vgl. das G. über die Regelung der Kaliwirtschaft vom 24. April 1919 und die Durchf.best. dazu vom 18. Juli 1919 (RGBl. S. 413, 663) — in Frage. Die Besitzer der Kohlenbergwerke in den durch die AB. KWG. errichteten Bergbaubezirken sollen sich in der Rechtsform einer juristischen Person oder einer Doppelgesellschaft zu Syndikaten und die Gasanstalten des Reichs zu einem Gaskokssyndikat, die Kalierzeuger aber in der Form einer juristischen Person zu einem Kalisyndikat vereinigen. Die Syndikate der Kohlenwirtschaft und die deutschen Länder, welche durch ihren Bergwerksbesitz mehreren Syndikaten angehören, haben sich zum Reichskohlenverband zusammenzuschließen. Unterbleibt der freiwillige Zusammenschluß zu den Syndikaten oder diesem Verband, so kann der Reichswirtschaftsminister Zwangsverbände bilden (§§ 3—6, §§ 8 u. 20 AB. KWG., § 38 DB. KaWG.). Der Beitritt der Anschlußpflichtigen zu den Syndikaten wird vom Reichswirtschaftsminister im Falle des Widerstrebens durch Verordnung herbeigeführt. Trotz der Beitrittspflicht, der übrigens ein R e ch t der beteiligten Unternehmer auf Zulassung gegenübersteht, können die Mitglieder der Syndikate die Mitgliedschaft wegen eines wichtigen Grundes aufkündigen oder aus ihnen ausgeschlossen werden (§ 9 AB. KWG., § 42 DB. KaWG.). Kommt nach einem solchen Vorkommnis keine Neuorganisation zustande, so greift wiederum das Recht des Ministers zur Zwangssyndizierung Platz. —

Als Organe für die oberste Leitung der Brennstoff- und der Kaliwirtschaft nach gemeinwirtschaftlichen Grundsätzen sind der Reichskohlenrat und der Reichskalirat geschaffen, die, ein jeder auf seinem Gebiet, allgemeine Richtlinien aufstellen, allgemeine und Einzelanordnungen erlassen können, deren Nichtbeachtung mit Geldstrafe bedroht ist, auch zur Regelung der Ein- und Ausfuhr befugt sind (§§ 47, 119 AB. KWG., §§ 51, 96 DB. KaWG.). — Dem Reichskohlenverband liegen die Preisfestsetzung, die Bestimmung der allgemeinen Lieferungsbedingungen und allgemeiner Vorschriften über die Beteiligungsziffer der einzelnen Mitglieder und deren Selbstverbrauch, sowie die Begrenzung des Absatzes der einzelnen Syndikate ob. Die Syndikate haben die Ausführung der vom Kohlenrat und Kohlenverband erlassenen Vorschriften zu überwachen und in Übereinstimmung damit die Förderung, den Selbstverbrauch und den Absatz der Brennstoffe ihrer Mitglieder zu regeln (§§ 57f. AB. KWG., §§ 69f. DB. KaWG.). Die Mitglieder haben die Mengen an Brennstoff, welche sie nicht für sich zurückhalten dürfen, kraft öffentlicher Pflicht an das Syndikat zum Zwecke der Veräußerung abzuliefern (§ 72 das.). — Auf dem Gebiete der Kaliwirtschaft schiebt sich zwischen Reichskalirat und Kalisyndikat kein dem Reichskohlenverband entsprechendes Organ ein. Der Kalirat setzt die Preise und die allgemeinen Lieferungsbedingungen für den Inlandverkehr mit Kali fest; er trifft auch, soweit nicht Tarifverträge in Frage kommen, Bestimmungen zur Sicherung von Durchschnittslöhnen der Arbeiter und der Gehälter der Angestellten (§§ 50, 60, 61 DB. KaWG.). — Das Kalisyndikat hat das ausschließliche Recht zum Absatz der Kalisalze und Kaliverbindungen, welche ihm die Syndikatsmitglieder abliefern müssen (§ 74). Es überwacht ferner die Einhaltung der bestehenden Vorschriften durch diese und kann zu diesem Zwecke ebenso, wie der Kohlenverband von den Syndikaten, Auskunft von den Mitgliedern fordern. Er regelt endlich auch die Ein- und Ausfuhr der Kalisalze (§§ 76, 86, 88 das.). — Neben dem

Kalirat besteht eine Kaliprüfungsstelle, welche das Anteilsverhältnis der Werke am Gesamtabsatz festsetzt und die Einhaltung der Preisvorschriften überwacht (§§ 63, 65); ferner eine Kalilohnprüfungsstelle zur Kontrolle der für Löhne und Gehälter bestehenden Vorschriften; endlich eine landwirtschaftlich-technische Kaliprüfungsstelle, der die Werbung für den Kaliverbrauch in den Kreisen der inländischen Landwirtschaft obliegt (§§ 69, 70). — Gegen gewisse Maßnahmen der Kohlensyndikate und des Reichskohlenverbandes ist dem Betroffenen das Recht der Beschwerde an den Verband bzw. Kohlenrat, gegen Entscheidungen der Kaliprüfungsstelle die Berufung an die Kaliberufungsstelle gegeben (§§ 78, 79 AB. KWG., § 68 DB. KaWG.). — Der Reichswirtschaftsminister führt die Oberaufsicht über die gesamte Kohlen- und Kaliwirtschaft (§§ 109—111 AB. KWG., §§ 89—91 DB. KaWG.). — Macht unter der obererwähnten Voraussetzung der Reichswirtschaftsminister von dem Recht der Zwangssyndizierung Gebrauch, so entsteht an Stelle des freiwilligen, aus privatrechtlichen und öffentlich-rechtlichen Elementen bestehenden Verbands eine Körperschaft des öffentlichen Rechts, über welche die einschlagenden Gesetze und Verordnungen in der offenbaren Annahme, daß es zur freiwilligen Verbandsbildung kommen wird, keine näheren Bestimmungen aufgestellt haben. — Die beiden hervorstechendsten Kennzeichen der Einrichtungen auf dem Gebiete der Kohlen- und Kaliwirtschaft sind hiernach: 1. die Ausstattung privatrechtlicher Verbände mit öffentlich-rechtlichen Befugnissen; 2. die Bildung von beruflichen Selbstverwaltungskörpern (Reichskohlenrat, Reichskalirat), die eine der kommunalen entsprechende wirtschaftliche Selbstverwaltung im Dienste gemeinwirtschaftlicher Zwecke ausüben. — Auf dem Gebiete der Eisenwirtschaft entspricht dem Reichskohlen- und Kalirat der als Eisenwirtschaftsbund bezeichnete Selbstverwaltungskörper (VO. vom 1. April 1920 und 15. Dezember 1921, RGBl. S. 435, 1588). Die aus Vertretern der beteiligten Berufskreise bestehende

Vollversammlung des Bundes leitet die Eisenwirtschaft nach gemeinwirtschaftlichen Grundsätzen unter der Oberaufsicht des Reichs. Sie setzt die Preise und Lieferungsbedingungen für den Verkauf im Inland fest (§§ 1, 10, 12 Abs. 1 EW.VO.). Die zu Lieferungsgemeinschaften zusammenzuschließenden Besitzer der Eisen und Stahl erzeugenden Werke sind verpflichtet, einen Teil ihrer Erzeugnisse zur Deckung des dringenden Inlandsbedarfs zur Verfügung zu stellen. Der Reichswirtschaftsminister bestimmt nach Benehmen mit dem Bund die festzusetzende Menge für jedes Erzeugnis. Die den einzelnen Lieferungsgemeinschaften obliegenden Lieferungen werden von den von der Vollversammlung zu wählenden Arbeitsausschüssen bestimmt. Die Gemeinschaften legen die Lieferungsmengen auf die einzelnen Werke um. — Der Reichswirtschaftsminister kann zur Sicherung dringlichen inländischen Bedarfs Enteignungen, Beschlagnahmen usw. und die einheitliche Festsetzung der Preise für das ganze Reich anordnen (§§ 11 u. 12). — Auf dem Gesetz beruhen auch die Zwangsinnungen. Diesen wurde aber zur Vermeidung von Ringbildungen die Beschränkung ihrer Mitglieder in der Festsetzung der Preise oder in der Annahme von Kunden gerade verboten (§§ 100f., insbes. § 100 qu GewO.). Der Zusammenschluß der Mitglieder zu diesem Zwecke kann daher nur ein freiwilliger sein. Er unterliegt deshalb der VO. Gegen die Überschreitung des Verbots ist im Aufsichtswege vorzugehen (§§ 92c, 96 Abs. 7 GewO., JW. 1909 S. 143 Nr. 27). Der Rechtsweg steht nicht offen.

2. Über die Bedeutung der „Geschäftsbedingungen und Arten der Preisfestsetzung" s. Anm. 1 bei § 10. Solche unterliegen nicht der Überwachung durch das KG., wenn sie von einer obersten Reichs- oder Landesbehörde im Rahmen ihrer Zuständigkeit angeordnet oder genehmigt sind oder beanstandet werden können. Keine Anwendung erleidet demnach die VO. auf Versicherungsbedingungen, die gemäß §§ 4, 9, 10 Vers.Auff.G. vom Aufsichtsamt für Privatversicherung genehmigt sind. — Von besonderer Wichtigkeit ist § 19

für die Gemeindebetriebe. Maßnahmen aus § 10 sind ihnen gegenüber nicht zulässig, wenn sie Veranstaltungen im öffentlichen Interesse und deshalb keine Unternehmungen im Sinne der bezeichneten Vorschrift sind. Dies trifft heute mit Rücksicht auf die Bedeutung für die Volksgesundheit in bezug auf die kommunalen Anstalten der Wasserversorgung, der Müllabfuhr, der Abwässerbeseitigung, nicht dagegen auf die Anstalten zur Versorgung der Bevölkerung mit Licht und Kraft aus Gas- und Elektrizitätswerken zu.

§ 20.

Das Kartellgericht oder sein Vorsitzender haben sich über bestimmte, ihnen vom Reichswirtschaftsminister vorgelegte Fragen aus dem Anwendungsgebiete dieser Verordnung gutachtlich zu äußern und auf Ersuchen des Reichswirtschaftsministers Spitzenverbände vorher zu hören.

§ 21.

Entbehrt ein Vertrag oder Beschluß der in § 1 bezeichneten Art, der vor Inkrafttreten der Verordnung zustande gekommen ist, der schriftlichen Form, so wird er nichtig, wenn und insoweit er nicht binnen drei Wochen nach Inkrafttreten der Verordnung schriftlich bestätigt wird. Erfolgt die Bestätigung seitens eines Beteiligten nicht binnen zwei Wochen nach Inkrafttreten der Verordnung, so kann der Vorsitzende des Kartellgerichts sie auf Antrag eines anderen Beteiligten ersetzen. Der Antrag ist binnen einer Woche nach Ablauf der im Satze 2 bestimmten Frist zu stellen. Die Bestätigung durch den Vorsitzenden des Kartellgerichts gilt hinsichtlich der Wahrung der im Satz 1 bestimmten Frist als im Zeitpunkt des an ihn gestellten Antrags erfolgt[1].

Verträge und Beschlüsse der im § 1 bezeichneten Art, zu deren Bekräftigung das Ehrenwort oder eine ähnliche feierliche Versicherung vor Inkrafttreten der Verordnung verlangt und gegeben worden ist, werden nichtig, wenn und insoweit sie nicht binnen zwei Wochen nach Inkrafttreten der Verordnung ohne eine solche Bekräftigung von den Beteiligten bestätigt werden[2].

1. Der Schriftform entbehrende Verträge oder Beschlüsse der in § 1 bezeichneten Art aus der Zeit vor dem 20. November 1923 wurden mit dem Ablauf des 10. Dezember 1923 nichtig, wenn sie nicht bis dahin schriftlich bestätigt wurden, d. h. wenn nicht bis dahin der Bestätigungswille der Beteiligten der Geschäftsleitung des K. kundgegeben wurde. Die bestätigende Erklärung eines Beteiligten konnte durch den Vorsitzenden des KG. ersetzt werden, wenn das K. oder ein anderes KMitglied spätestens am 10. Dezember 1923 hierauf antrug. Erfolgte die Ersatzerklärung, so gilt der Vertrag oder Beschluß als am Tage der Antragstellung bestätigt. Wurde die Ersatzerklärung nach dem 10. Dezember abgelehnt, so trat erst mit der Zustellung des Ablehnungsbeschlusses die Nichtigkeit ein. — Die Bestätigung mußte schriftlich erfolgen, ohne gerade der Formvorschrift des § 126 BGB. entsprechen zu müssen. — Die Entscheidung des Vorsitzenden über den Antrag ist endgültig und, wenn sie ihm stattgegeben hat, für die Gerichte bindend (§ 12). Zur Bestätigung von Beschlüssen, deren Zustandekommen nicht Einstimmigkeit, sondern nur die Zustimmung einer Mehrheit erforderte, reichte die zustimmende Mitwirkung einer solchen hin. — Die Bestätigung konnte auch eine teilweise sein. — Die Nichtigkeit ist eine solche ex nunc, nicht ex tunc. — Über die Wirkungen von Rechtshandlungen der Verbandsorgane nach dem Eintritt der Nichtigkeit s. oben bei § 4 unter 3. Über den Einfluß der Nichtigkeit der K.abreden auf die organisatorischen Bestimmungen s. bei § 1 unter 8.

2. In den in Absatz 2 bezeichneten Fällen konnte die Bestätigung durch den Vorsitzenden des KG. nicht ersetzt werden. Die Bestätigung ist hier die Erklärung der Beteiligten gegenüber der K.leitung, daß sie sich an den Vertrag oder Beschluß auch ohne die feierliche Versicherung gebunden fühlten.

§ 22.

Die Bestimmungen über das Verfahren vor dem Kartellgerichte sowie die sonstigen Ausführungsvorschriften erläßt der Reichswirtschaftsminister[1, 2].

1. Das Verfahren ist geregelt in der Verf.VO. vom 2. November 1923, die nachstehend in Anlage I abgedruckt ist. Sie verweist in § 1 auf die in Anlage II abgedruckte VO.RWG. vom 21. Mai 1920 in der Fassung vom 30. Juli 1921 und 13. Februar 1924. Nach § 1 VerfVO. sind die allgemeinen, für das Verfahren vor dem RWG. geltenden Vorschriften auf das Verfahren vor dem KG. anzuwenden, soweit nicht die KVO. und die Verf.VO. Abweichendes bestimmen. Es sind daher nicht unmittelbar anwendbar die die Verfassung des RWG. regelnden §§ 1 bis 16 VO.RWG. Die Verfassung des KG. ist geregelt in § 11 der KVO. § 17 enthält eine irrtümliche, in Abschnitt 1 aufgenommene Verfahrensbestimmung. Durch die Unanwendbarkeit des § 7 Abs. 4 dürfte, da es sich hier um eine selbstverständliche Pflicht handelt, kaum eine Unzuträglichkeit entstehen. § 7 Abs. 5 ist ohnehin nicht entsprechend anwendbar (§ 2 StGB.). Die Anwendung des § 8 dürfte entbehrlich sein, da der Vorsitzende der Regel nach aus den Mitgliedern des RWG. entnommen wird. Die §§ 11 und 16 eignen sich zur sinngemäßen Anwendung.

2. § 2 Verf.VO. ordnet in Satz 1 an, daß die Entscheidungen des KG. durch Beschluß erfolgen. Daraus ist, da § 318 ZPO. hier keine Anwendung leidet, die Annahme nicht ableitbar, daß das KG. seine Entscheidung jederzeit ändern kann. Das Gegenteil ist zwar nicht aus § 7 Abs. 3 und § 10

Abs. 7 zu folgern, welche die Aufhebung von Entscheidungen bei nachträglichem Wegfall von Voraussetzungen im Auge haben. Es ergibt sich aber aus der Endgültigkeit der Entscheidungen des KG., welche nicht nur die Unanfechtbarkeit, sondern auch ihre Unabänderlichkeit bedeutet, das Wiederaufnahmeverfahren aber nicht grundsätzlich ausschließt (s. bei § 12 unter 2). — § 2 S. 2 Verf.VO. ist in Zusammenhang mit § 25 VO.RWG. zu verstehen, gestattet es also unter der dort in Abs. 2 geregelten Voraussetzung, von einer mündlichen Verhandlung abzusehen. Sie läßt es auch zu, im Falle des Nichterscheinens der rechtzeitig geladenen Beteiligten zu entscheiden. Vgl. jedoch § 27 Abs. 5 S. 2 VO. RWG. Von den sonstigen Verfahrensvorschriften dieser VO. sind anzuwenden die §§ 18, 19, 20 Abs. 1 und 5, 22, 23, 25 Abs. 2, 26 bis 36, 37 bis 39, 42a und 42b mit den oben bei § 12 unter 2 aufgeführten Beschränkungen, ferner die §§ 43, 44 und 46. Zu § 44 s. oben bei § 4 unter 3 und bei § 17 unter 3. An Stelle des § 21 VO. RWG. tritt § 13 der KVO. Die §§ 47, 51 Abs. 2 S. 2 und Abs. 3, 52 sind ebenfalls anwendbar, während § 51 Abs. 1 S. 1 und Abs. 2 S. 1 durch § 4 Verf.VO. ersetzt ist.

§ 23.

Diese Verordnung tritt am 20. November 1923 in Kraft.

Anlage I.

Verordnung über das Verfahren vor dem Kartellgericht auf Grund der Verordnung gegen Mißbrauch wirtschaftlicher Machtstellungen.

Vom 2. November 1923 (RGBl. I S. 1071)*).

Auf Grund des § 22 der Verordnung gegen Mißbrauch wirtschaftlicher Machtstellungen vom 2. November 1923 (RGBl. I S. 1067) wird folgendes verordnet:

§ 1. Auf das Verfahren vor dem Kartellgerichte finden unbeschadet der Vorschriften der Verordnung vom 2. November 1923 und der nachfolgenden Bestimmungen die allgemeinen, für das Verfahren vor dem Reichswirtschaftsgerichte geltenden Vorschriften Anwendung.

§ 2. Die Entscheidung des Kartellgerichts erfolgt durch Beschluß. Vor der Entscheidung sind die Beteiligten zu hören.

§ 3. Für das Verfahren vor dem Kartellgericht wird eine in die Reichskasse fließende Gebühr erhoben. Der Vorsitzende des Kartellgerichts entscheidet endgültig darüber, wer diese Gebühr zu tragen hat, und setzt ihre Höhe nach freiem Ermessen endgültig fest. Ist das Verfahren auf Antrag des Reichswirtschaftsministers oder in den Fällen des § 16 der Verordnung auf Antrag des Reichsministers für Ernährung und Landwirtschaft eingeleitet worden, so bleibt die Gebühr außer Ansatz, insoweit dem Antrag nicht stattgegeben wird.

Aus besonderen Gründen kann von der Erhebung einer Gebühr abgesehen werden.

---

*) S. hierzu die Bemerkungen bei § 22 KVO.

§ 4. Der Vorsitzende des Kartellgerichts entscheidet endgültig darüber, wer die den Beteiligten erwachsenen Kosten des Verfahrens zu tragen hat, und setzt deren Höhe endgültig fest. Die dem Reichswirtschaftsminister oder in den Fällen des § 16 der Verordnung dem Reichsminister für Ernährung und Landwirtschaft erwachsenen Kosten sind nicht zu erstatten. Das Reich ist zur Erstattung von Kosten nicht verpflichtet.

§ 5. Der Vorsitzende des Kartellgerichts kann die Anberaumung eines Termins oder die Anordnung einer Beweisaufnahme von der Einzahlung eines Vorschusses zur Deckung der Reichskasse wegen der Gebühren und Auslagen abhängig machen.

§ 6. Diese Verordnung tritt am 20. November 1923 in Kraft.

Berlin, den 2. November 1923.

Der Reichswirtschaftsminister
Koeth.

Anlage II.

Verordnung über das Reichswirtschaftsgericht*).

Vom 21. Mai 1920 (RGBl. S. 1167), in der Fassung, die sie durch § 65 der Entschädigungsordnung vom 30. Juli 1921 (RGBl. S. 1046) und § 8 der Verordnung vom 13. Februar 1924 (RGBl. I S. 155) erhalten hat.

Auf Grund des § 1 des Gesetzes über eine vereinfachte Form der Gesetzgebung für die Zwecke der Übergangs-

*) S. die Bemerkungen bei § 12 unter 2 und bei § 22 KVO. Die §§ 14, 40, 41, 48, 48a, 49, 50 der VORWG. sind aufgehoben.

wirtschaft vom 17. April 1919 (RGBl. S. 394) wird von der Reichsregierung mit Zustimmung des Reichsrats und des von der verfassunggebenden Deutschen Nationalversammlung gewählten Ausschusses folgendes verordnet:

I. Verfassung des Reichswirtschaftsgerichts.

§ 1. Das Reichswirtschaftsgericht ist ein unabhängiges, nur dem Gesetz unterworfenes Sondergericht.

§ 2. Das Reichswirtschaftsgericht ist für die ihm durch Gesetz übertragenen Entscheidungen zuständig.

§ 3. Sofern nicht die Zuständigkeit der ordentlichen Gerichte begründet ist, kann für wirtschaftliche Streitigkeiten, die sich zwischen einer Behörde oder einer anderen mit der Wahrnehmung öffentlicher Interessen betrauten Stelle und dem von einer Maßnahme der Behörde oder der Stelle Betroffenen oder zwischen den davon Betroffenen ergeben, das Reichswirtschaftsgericht durch Vereinbarung der Parteien für zuständig erklärt werden.

Die vereinbarte Zuständigkeit ist eine ausschließliche.

§ 4. Das Reichswirtschaftsgericht wird mit einem Präsidenten und der erforderlichen Zahl von Senatspräsidenten, von rechtskundigen und von sachverständigen Mitgliedern besetzt.

Bei dem Reichswirtschaftsgerichte werden Senate gebildet. Ihre Zahl bestimmt der zuständige Reichsminister.

§ 5. Der Präsident, die Senatspräsidenten, die rechtskundigen Beisitzer (Reichswirtschaftsgerichtsräte) und die Richter werden vom Reichspräsidenten aus der Zahl der zum Richteramte befähigten öffentlichen Beamten unter Berücksichtigung der einzelnen Länder ernannt.

§ 6. Die sachverständigen Beisitzer werden vom Präsidenten berufen. Sie sind, soweit nicht durch besondere Vorschriften Abweichendes bestimmt wird, einer Vorschlagsliste zu entnehmen, die von dem Reichswirtschaftsrat oder, falls ein solcher gebildet wird, seinem wirtschaftspolitischen Ausschuß unter Berücksichtigung der verschiedenen Berufsgruppen und Interessenvertretungen und der einzelnen Länder aufgestellt wird. Der Reichswirtschaftsrat oder der Ausschuß kann zu diesem Zwecke von den innerhalb des Reichsgebiets bestehenden Berufsorganisationen und Interessenvertretungen sowie amtlichen Berufsvertretungen Auskunft verlangen.

Der Präsident des Reichswirtschaftsgerichts kann eine Ergänzung der Vorschlagsliste beantragen.

Bis zur Bildung des Reichswirtschaftsrats liegen die Aufgaben aus Abs. 1 und 2 dem vorläufigen Reichswirtschaftsrate beziehungsweise seinem wirtschaftspolitischen Ausschuß ob.

Im Falle des § 3 können die Parteien über die Auswahl der Beisitzer Vereinbarungen treffen. Die Vereinbarung bedarf der schriftlichen Form. Die Vorschriften des § 20 Abs. 3 Satz 2 und 3 finden Anwendung. Wird innerhalb einer von dem Vorsitzenden zu bestimmenden Frist eine Vereinbarung nicht nachgewiesen, so sind die Beisitzer der nach Abs. 1 aufgestellten Vorschlagsliste zu entnehmen.

§ 7. Die sachverständigen Beisitzer werden für die einzelne Sache unter Berücksichtigung der nach den besonderen Umständen erforderlichen Sachkunde und Kenntnis der örtlichen Verhältnisse vom Vorsitzenden des zuständigen Senats einberufen. Soweit in einem Verfahren des ersten Rechtszugs die Mitwirkung eines oder mehrerer Beisitzer aus einer bestimmten Interessenvertretung vorgesehen ist, soll auch im Verfahren vor dem Reichswirtschaftsgericht ein Beisitzer der betreffenden Interessenvertretung angehören. Mehr als ein Beisitzer darf jedoch nicht zu den Geschädigten gehören, welche nach dem zur Anwendung kommenden Gesetz antragsberechtigt sind.

Vor ihrem Amtsantritte sind die sachverständigen Beisitzer durch den Präsidenten oder den Vorsitzenden des zuständigen Senats zu treuer und gewissenhafter Führung ihres Amtes zu verpflichten.

Das Amt der sachverständigen Beisitzer ist ein Ehrenamt.

Die bei dem Verfahren beteiligten Personen sind zur Geheimhaltung der Verhandlungen und der dabei zu ihrer Kenntnis gelangenden Verhältnisse der Antragsteller verpflichtet.

Wer der Verpflichtung des Abs. 4 zuwiderhandelt, wird mit Gefängnis bis zu einem Jahre und mit Geldstrafe bis zu 15000 M. oder mit einer dieser Strafen bestraft.

§ 8. Auf die ständigen Mitglieder des Reichswirtschaftsgerichts finden die allgemeinen Vorschriften über Dienstvergehen der Reichsbeamten nur insoweit Anwendung, als nicht nachstehend etwas anderes vorgeschrieben ist. Sie dürfen wider ihren Willen nur wegen eines Dienstvergehens und nur durch eine in einem förmlichen Disziplinarverfahren ergangene Entscheidung aus ihrem Amte entfernt werden. Die Entfernung aus dem Amte darf nur in Dienstentlassung bestehen. Disziplinarstrafen jeder Art dürfen nur in einem förmlichen Disziplinarverfahren durch die entscheidenden Disziplinarbehörden auf Grund der §§ 84 bis 118 des Reichsbeamtengesetzes verhängt werden. Bei der Entscheidung dürfen nur richterliche Mitglieder der Disziplinarbehörden mitwirken

Die Ernennung eines nicht ständigen Mitglieds darf, wenn sie auf bestimmte Zeit erfolgte, vor Ablauf dieser Zeit, wenn sie auf unbestimmte Zeit erfolgte, solange das Bedürfnis, durch welches sie veranlaßt wurde, fortdauert, nicht widerrufen werden.

§ 9. Den Vorsitz in den Senaten führen der Präsident und die Senatspräsidenten. Durch die Geschäftsverteilung kann zum Vertreter eines Senatspräsidenten auch ein rechtskundiger Beisitzer, zum Vertreter eines rechtskundigen Beisitzers ein Richter bestellt werden.

§ 10. Die Senate entscheiden in der Besetzung von einem Vorsitzenden und vier sachverständigen Beisitzern.

In Sachen, in denen das Reichswirtschaftsgericht gegen die Entscheidung eines Gerichts oder einer Behörde angerufen wird, entscheiden die Senate in der Besetzung von einem Vorsitzenden, zwei rechtskundigen und zwei sachverständigen Beisitzern. Soweit es sich um Beschwerden gegen Anordnungen und Entscheidungen handelt, die lediglich das Verfahren betreffen, erfolgt die Entscheidung in der Besetzung von einem Vorsitzenden und zwei rechtskundigen Beisitzern; in diesem Falle kann die Entscheidung ohne vorgängige mündliche Verhandlung erfolgen.

Soweit auf Grund dieser Verordnung oder anderer Vorschriften zu den Entscheidungen erweiterte Senate berufen sind, erkennen sie in der Besetzung von einem Vorsitzenden, zwei rechtskundigen und vier sachverständigen Beisitzern.

Beträgt nach dem Ermessen des Vorsitzenden der Wert des Streitgegenstandes nicht mehr als 50000 Goldmark, so genügt in den Fällen des Abs. 1 die Zuziehung von zwei sachverständigen Beisitzern, in den Fällen des Abs. 2 Satz 1 die Zuziehung eines rechtskundigen und eines sachverständigen Beisitzers.

Erklären sich die Parteien einverstanden, so kann ohne die Zuziehung von sachverständigen Beisitzern entschieden werden. Vor der Entscheidung ist das schriftliche Gutachten mindestens eines sachverständigen Beisitzers einzuholen, sofern die Parteien nicht darauf verzichten.

§ 11. Wird zu einer Sitzung die Zuziehung anderer als der zunächst einberufenen sachverständigen Beisitzer erforderlich, so kann der Vorsitzende zur Vermeidung einer Vertagung oder einer erheblichen Verzögerung des Beginns der Sitzung Hilfsbeisitzer zuziehen, im Falle des § 3 jedoch nur, sofern nicht eine Vereinbarung gemäß § 6 Abs. 4 getroffen ist. Als Hilfsbeisitzer kann für einen rechtskundigen Beisitzer nur ein rechtskundiges Mitglied und für einen sachverständigen Beisitzer nur ein anderer sachverständiger Beisitzer zugezogen werden.

§ 12. Der Sitz des Reichswirtschaftsgerichts ist Berlin. Es darf an anderen Orten Sitzungen abhalten, wenn dies zur schleunigen oder sachgemäßen Erledigung erforderlich erscheint.

Der zuständige Reichsminister darf für die Dauer eines Bedürfnisses an anderen Orten ständige (auswärtige) Senate errichten.

§ 13. Der große Senat entscheidet in der Besetzung von sieben Mitgliedern nach einfacher Stimmenmehrheit. Den Vorsitz führt der Präsident oder ein Stellvertreter. Die übrigen Mitglieder des großen Senats werden aus der Zahl der rechtskundigen Mitglieder der am Sitze des Reichswirtschaftsgerichts errichteten Senate entnommen.

Die Zusammensetzung des großen Senats und die Reihenfolge, in der die rechtskundigen Mitglieder an den Sitzungen teilnehmen, wird für die Dauer eines Geschäftsjahrs zu dessen Beginn durch den Präsidenten und die Senatspräsidenten der am Sitze des Reichswirtschaftsgerichts errichteten Senate bestimmt; zur Beschlußfassung hierüber genügt die Anwesenheit der Mehrheit der Senatspräsidenten. Die Beschlüsse werden mit einfacher Stimmenmehrheit gefaßt. Bei Stimmengleichheit entscheidet die Stimme des Präsidenten.

Der große Senat wird durch den Präsidenten einberufen. Er faßt bindende Beschlüsse über die für die Anwendung und Auslegung der Gesetze maßgebenden Grundsätze.

Auf Beschluß des großen Senats können zur Beratung und Entscheidung einzelner Fragen auch sachverständige Mitglieder sowie Mitglieder auswärtiger Senate hinzugezogen werden. Bei Stimmengleichheit entscheidet die Stimme des Vorsitzenden.

§ 15. Bei dem Reichswirtschaftsgerichte wird eine Geschäftsstelle eingerichtet.

§ 16. Der Präsident führt die Dienstaufsicht.

Er erläßt unter Zustimmung des zuständigen Reichsministers die Geschäftsordnung des Reichswirtschaftsgerichts. Er regelt den Geschäftsgang und erläßt, soweit gesetzlich darüber nichts vorgeschrieben ist, die für das Verfahren maßgebenden Grundsätze.

Er verteilt die Geschäfte und trifft Anordnungen für die Gerichtsschreiberei-, Kanzlei- und Unterbeamten, für Geschäftsräume und Geschäftsbedürfnisse.

§ 17. Die Aufrechterhaltung der Ordnung in der Sitzung liegt dem Vorsitzenden ob. Die Vorschriften der §§ 178 und 179 des Gerichtsverfassungsgesetzes finden sinngemäße Anwendung.

II. Verfahren vor dem Reichswirtschaftsgerichte.

§ 18. Auf die Ausschließung und die Ablehnung eines Mitglieds des Reichswirtschaftsgerichts finden die Vorschriften der §§ 41 bis 43, des § 46 Abs. 1 und der §§ 47, 48, 1032 der Zivilprozeßordnung entsprechende Anwendung. Von der Ausübung des Richteramts in einer Sache ist auch ausgeschlossen,

1. wer Beamter oder Arbeitnehmer oder Mitglied des Aufsichtsrats eines Beteiligten ist,
2. wer an der Vorprüfung des Antrags beteiligt gewesen ist.

Über die Ausschließung oder Ablehnung eines Beisitzers entscheidet ein Senat in der Besetzung mit einem Vorsitzenden und zwei rechtskundigen Beisitzern, über die Ausschließung oder Ablehnung des Vorsitzenden der Präsident, über die Ausschließung oder Ablehnung des Präsidenten der älteste Senatspräsident. Die Entscheidungen sind endgültig.

§ 19. Der Vorsitzende kann Behörden sowie Personen, die ein rechtliches oder wirtschaftliches Interesse an dem Verfahren haben, als Beteiligte zulassen.

In einem auf Grund der Entschädigungsordnung anhängig gewordenen Verfahren muß als Beteiligter zugelassen werden, wer nach § 17 Abs. 1 der Entschädigungsordnung zur Stellung des Antrags berechtigt ist. Der Abs. 3 daselbst findet entsprechende Anwendung. Die Beteiligten sind in ihren Anträgen und Erklärungen voneinander unabhängig. Das streitige Rechtsverhältnis kann allen Berechtigten gegenüber nur einheitlich festgestellt werden.

Die Zulassung kann in Verbindung mit der Einlegung eines Rechtsmittels beantragt werden.

§ 20. Anträge auf Entscheidung des Reichswirtschaftsgerichts sind bei dem Reichswirtschaftsgerichte schriftlich einzureichen oder mündlich zur Niederschrift des Geschäftsbeamten anzubringen.

Enthält der Antrag die Einlegung eines Rechtsmittels gegen die Entscheidung eines Gerichts oder einer Behörde, so kann er auch bei diesem Gericht oder dieser Behörde eingereicht werden. Der Antrag soll in diesem Falle vor Ablauf einer Woche dem Reichswirtschaftsgerichte vorgelegt werden.

Ein Beteiligter kann sich dem Rechtsmittel anschließen, selbst wenn er auf das Rechtsmittel verzichtet hat oder die Frist zur Einlegung des Rechtsmittels verstrichen ist.

Im Falle des § 3 bedarf die Vereinbarung der schriftlichen Form. Zur Wahrung der Form genügt Briefwechsel oder die Einreichung getrennter, das Einverständnis mit der Zuständigkeit ausdrückender Erklärungen der Parteien bei dem Reichswirtschaftsgerichte. Die Erklärungen können auch telegraphisch übermittelt werden. Die Vereinbarung muß, wenn sie für künftige Rechtsstreitigkeiten getroffen wird, sich auf ein bestimmtes Rechtsverhältnis und die aus diesem entspringenden Rechtsstreitigkeiten beziehen.

Anträgen und Schriftsätzen soll die für die Mitteilung an den Gegner erforderliche Zahl von Abschriften beigefügt werden.

§ 21. Soweit ein Antrag aus Rechtsgründen ohne weiteres als unzulässig oder unbegründet erscheint, kann er durch einen mit Gründen versehenen Bescheid des Vorsitzenden zurückgewiesen werden.

Soweit ein Antrag aus Rechtsgründen ohne weiteres als begründet erscheint, kann ihm durch einen mit Gründen versehenen Bescheid des Vorsitzenden stattgegeben werden.

Der Bescheid ist den Beteiligten zuzustellen.

Gegen den Bescheid kann innerhalb zweier Wochen nach Zustellung der Antrag auf Entscheidung des Senats gestellt werden. Der Bescheid muß hierauf unter Angabe der Frist hinweisen. Wird die Entscheidung des Senats beantragt, so gilt der Bescheid des Vorsitzenden als nicht ergangen. Andernfalls steht der Bescheid einem endgültigen Urteil des Reichswirtschaftgerichts gleich.

§ 22. Einem Beteiligten, welcher durch Naturereignisse oder andere unabwendbare Zufälle verhindert worden ist, die im § 21 Abs. 4 bestimmte Frist einzuhalten, ist auf Antrag die Wiedereinsetzung in den vorigen Stand zu erteilen.

Die Wiedereinsetzung muß innerhalb einer zweiwöchigen Frist beantragt werden. Die Frist beginnt mit dem Tage, an welchem das Hindernis gehoben ist; sie kann durch Vereinbarung der Beteiligten nicht verlängert werden.

Nach Ablauf von einem Jahre, vom Ende der versäumten Frist an gerechnet, kann die Wiedereinsetzung nicht mehr beantragt werden.

§ 23. Die Form des Antrags auf Wiedereinsetzung richtet sich nach der Vorschrift des § 20 Abs. 1. Der Antrag muß enthalten:

1. die Angabe der die Wiedereinsetzung begründenden Tatsachen,
2. die Angabe der Mittel für deren Glaubhaftmachung,
3. die Nachholung des Antrags auf Entscheidung des Senats oder, wenn dieser bereits nachgeholt ist, die Bezugnahme hierauf.

§ 24. Über den Antrag auf Wiedereinsetzung entscheidet der Senat, welchem die Entscheidung über den im § 21 Abs. 4 Satz 1 bezeichneten Antrag zusteht.

Das Verfahren über den Antrag auf Wiedereinsetzung ist mit dem Verfahren über den im § 21 Abs. 4 Satz 1 bezeichneten Antrag zu verbinden. Der Senat kann jedoch das Verfahren zunächst auf die Verhandlung und Entscheidung über den Antrag auf Wiedereinsetzung beschränken.

§ 25. Wird der Antrag nicht durch einen Bescheid des Vorsitzenden (§ 21) erledigt, so sind die Parteien und die sonstigen Beteiligten (§ 19) vor der Entscheidung zu hören.

Die Entscheidung ergeht nach mündlicher Verhandlung unter Berücksichtigung des gesamten Inhalts der Akten.

Mit Einverständnis der Parteien kann ohne mündliche Verhandlung entschieden werden, sofern der Sach- und Streitstand hinreichend geklärt erscheint.

§ 26. Den Beteiligten ist gestattet, den Verhandlungen beizuwohnen und ihre Anträge mündlich zu begründen. Der Vorsitzende kann auch anderen Personen die Teilnahme an der Verhandlung gestatten.

Die Beteiligten können sich durch einen bei einem deutschen Gerichte zugelassenen Rechtsanwalt vertreten lassen. Der Vorsitzende kann auch einen anderen rechts-

oder sachverständigen Vertreter zulassen, wenn nicht besondere Bedenken gegen seine Person vorliegen.

Der Vorsitzende kann zur Aufklärung des Sachverhalts anordnen, daß ein Beteiligter oder ein von ihm bestellter Vertreter in der Verhandlung zu erscheinen hat.

§ 27. Die Beteiligten sind von Ort und Zeit der Verhandlung zu benachrichtigen. Wird ihr Erscheinen angeordnet, so sind sie zur Verhandlung zu laden. Die Benachrichtigung und die Ladung sind zuzustellen.

Die Benachrichtigung und Ladung eines Beteiligten, der nicht im Deutschen Reiche wohnt, wird in der Art bewirkt, daß die Geschäftsstelle das zu übergebende Schriftstück unter der Anschrift des Beteiligten nach seinem Wohnort zur Post gibt. Die Zustellung wird mit der Aufgabe zur Post als bewirkt angesehen. Die Postsendungen sind mit der Bezeichnung „Einschreiben" zu versehen.

Die Benachrichtigung und Ladung ergeht an Beteiligte, deren Wohnort nicht bekannt ist, oder mit denen eine schriftliche Verständigung unmöglich ist oder nur bei erheblichem Zeitverluste möglich sein würde, durch Einrückung in den Reichsanzeiger. Der Vorsitzende kann eine andere Art der Benachrichtigung oder Ladung anordnen.

Haben die Beteiligten einen Vertreter oder am Sitze des zuständigen Senats einen Zustellungsbevollmächtigten bestellt, so erfolgt die Benachrichtigung oder Ladung an diesen.

Sind die Beteiligten in dem Verhandlungstermine trotz rechtzeitiger Benachrichtigung oder Ladung nicht gehörig vertreten, so kann gleichwohl in der Sache verhandelt und entschieden werden. Soweit ein Vertreter des Reichsinteresses bestellt ist, darf in seiner Abwesenheit eine Verhandlung nur stattfinden, wenn er sein Einverständnis erklärt hat.

§ 28. Zu der Verhandlung wird ein Gerichtsschreiber zugezogen.

§ 29. Über jede Verhandlung soll eine Niederschrift gefertigt werden. Sie soll Ort und Tag der Verhandlung, die Bezeichnung der Beteiligten und der bei der Verhandlung mitwirkenden Personen sowie das Ergebnis der Verhandlung enthalten.

Die Verhandlungsniederschrift soll, insoweit als sie Erklärungen von Beteiligten oder von Zeugen oder Sachverständigen wiedergibt, den in Betracht kommenden Personen vorgelesen oder zur Durchsicht vorgelegt werden. Wird sie genehmigt, so soll dies vermerkt werden; wird die Genehmigung versagt, so soll der Grund angegeben werden.

Die Verhandlungsniederschrift soll von dem Vorsitzenden und dem Schriftführer unterschrieben werden.

§ 30. Die Verhandlungssprache ist deutsch. Eingaben und Schriftsätze, die nicht in deutscher Sprache abgefaßt sind, haben nur dann Anspruch auf Berücksichtigung, wenn ihnen eine beglaubigte deutsche Übersetzung beigefügt ist; das gleiche gilt für beigefügte Urkunden und sonstige Schriftstücke.

§ 31. Der Vorsitzende kann anberaumte Termine verlegen, Verhandlungen vertagen und Termine zur Verkündung einer Entscheidung anberaumen.

Die Verkündung von Entscheidungen ist jedoch nicht erforderlich.

§ 32. Die Verhandlung beginnt mit dem Vortrag des Vorsitzenden oder eines von ihm zum Berichterstatter ernannten Beisitzers.

§ 33. Das Reichswirtschaftsgericht, vor seinem Zusammentreten der Vorsitzende, kann den Beteiligten aufgeben, binnen einer bestimmten Frist die Tatsachen und Beweismittel, auf die sich ihr Anspruch oder das Rechtsmittel stützt, in einem Schriftsatz niederzulegen und Urkunden sowie andere Beweismittel vorzulegen oder Zeugen zu gestellen; dabei kann verlangt werden, daß der Schriftsatz von einem mit schriftlicher Vollmacht versehenen, bei einem deutschen Gerichte zugelassenen Rechtsanwalt unterschrieben ist. Die Frist soll nicht weniger als eine Woche und nicht mehr als einen Monat betragen.

Bei Versäumung der Frist kann das Reichswirtschaftsgericht nach Lage der Sache ohne Berücksichtigung der nicht beigebrachten Beweismittel entscheiden.

§ 34. Das Reichswirtschaftsgericht, vor seinem Zusammentreten der Vorsitzende, kann jederzeit von Amts wegen oder auf Antrag Beweise erheben, insbesondere Zeugen und Sachverständige eidlich vernehmen sowie Versicherungen an Eides Statt abnehmen. Die Beweisaufnahme kann vom Senat oder dem Vorsitzenden einem Mitglied des Senats oder einem Richter übertragen werden; der Beauftragte soll bei der Beweisaufnahme einen Gerichtsschreiber heranziehen.

Der Vorsitzende kann eine Beweisaufnahme schon vor Einleitung eines Verfahrens zur Sicherung des Beweises anordnen, wenn zu besorgen ist, daß das Beweismittel verloren gehen oder seine Benutzung erschwert werde.

Auf die Erledigung des Zeugen- und Sachverständigenbeweises sowie auf die sonstigen Arten der Beweisaufnahme finden die Vorschriften der Zivilprozeßordnung entsprechende Anwendung.

Die Gerichts- und Verwaltungsbehörden haben innerhalb ihrer Zuständigkeit dem Ersuchen des Reichswirtschaftsgerichts oder der Vorsitzenden der Senate um Gewährung von Rechtshilfe zu entsprechen. Auf die von den Gerichten zu leistende Rechtshilfe finden die §§ 158 bis 162, 165, 166 und 187 des Gerichtsverfassungsgesetzes entsprechende Anwendung.

§ 35. Das Reichswirtschaftsgericht, vor seinem Zusammentreten der Vorsitzende, kann in jeder Lage des

Verfahrens bis zum Urteil einstweilige Anordnungen erlassen.

Insbesondere kann in einem Verfahren zur Festsetzung einer Entschädigung oder eines Übernahmepreises für entzogene Gegenstände im Einverständnisse mit dem Schuldner eine Abschlagszahlung angeordnet werden.

§ 36. Das Reichswirtschaftsgericht ist nach freiem Ermessen in geeigneten Fällen befugt, ohne weitere Erhebungen auf Grund seiner Geschäftserfahrung zu entscheiden.

§ 36a. Auf ein Rechtsmittel gegen die Entscheidung eines Gerichts oder einer Behörde darf die angefochtene Entscheidung nur insoweit abgeändert werden, als eine Abänderung beantragt ist.

§ 36b. Leidet das Verfahren der Behörde, deren Entscheidung angefochten ist, an einem wesentlichen Mangel oder sind nach Auffassung des Reichswirtschaftsgerichts noch weitere Ermittlungen tatsächlicher Art erforderlich, so kann das Reichswirtschaftsgericht die Entscheidung aufheben und die Sache zur anderweiten Verhandlung und Entscheidung zurückverweisen. In den Verfahren, auf welche die Entschädigungsordnung Anwendung findet, kann die Sache auch an eine andere Spruchbehörde zurückverwiesen werden.

Die erkennende Behörde hat der weiteren Entscheidung die rechtliche Beurteilung zugrunde zu legen, auf welcher die Entscheidung des Reichswirtschaftsgerichts beruht.

§ 37. Bei der Abstimmung stellt der Vorsitzende die Fragen und sammelt die Stimmen.

Die Entscheidungen erfolgen nach der einfachen Mehrheit der Stimmen. Bilden sich in Beziehung auf Summen, über die zu entscheiden ist, mehr als zwei Meinungen, deren keine die Mehrheit für sich hat, so werden die für die größte Summe abgegebenen Stimmen den für die zunächst geringeren abgegebenen so lange hinzugerechnet, bis sich eine Mehrheit ergibt

Ist ein Berichterstatter ernannt, so gibt dieser seine Stimme zuerst ab. Im übrigen stimmen die sachverständigen Beisitzer vor den rechtskundigen und stimmt der jüngere Beisitzer vor dem älteren, der Vorsitzende zuletzt ab.

§ 38. Hängt die Entscheidung von der Beurteilung einer Rechtsfrage oder einer anderen Frage von grundsätzlicher Bedeutung ab, so kann der Senat vor seiner Entscheidung die Frage dem großen Senate zur Beschlußfassung vorlegen.

Will in einer Rechtsfrage oder in einer anderen Frage von grundsätzlicher Bedeutung ein Senat von seiner eigenen früheren Entscheidung oder von der Entscheidung eines anderen Senats oder des großen Senats abweichen, so ist über die streitige Frage eine Entscheidung des großen Senats einzuholen.

§ 39. Die Endentscheidung erfolgt durch Urteil. Das Urteil ergeht im Namen des Reichs. Es enthält:

1. die Bezeichnung der Beteiligten, ihrer gesetzlichen Vertreter und der Prozeßbevollmächtigten nach Namen, Stand oder Gewerbe sowie Wohnort,

2. die Namen der Mitglieder des Reichswirtschaftsgerichts, welche bei der Entscheidung mitgewirkt haben,

3. die Begründung der Entscheidung,

4. die von den Entscheidungsgründen äußerlich zu sondernde Urteilsformel. Bildet die Verpflichtung zu einer Leistung den Gegenstand des Urteils, so hat die Urteilsformel auch den Berechtigten und Verpflichteten zu bezeichnen.

Das Urteil ist von dem Vorsitzenden und den rechtskundigen Beisitzern, welche bei der Entscheidung mitgewirkt haben, zu unterschreiben. Ist ein Mitglied verhindert, seine Unterschrift beizufügen, so wird dies unter

Angabe des Verhinderungsgrundes von dem Vorsitzenden und bei dessen Verhinderung von dem ältesten rechtskundigen Beisitzer unter dem Urteil bemerkt.

Das Urteil wird mit der Eingangsformel:

„Im Namen des Reichs"

durch die Geschäftsstelle des Reichswirtschaftsgerichts ausgefertigt. Den Beteiligten ist eine Ausfertigung zuzustellen.

§ 42. Schreibfehler, Rechnungsfehler und ähnliche offenbare Unrichtigkeiten können von dem Vorsitzenden und, falls sich der Schreibfehler lediglich in der Ausfertigung findet, von dem ausfertigenden Geschäftsbeamten jederzeit von Amts wegen berichtigt werden.

§ 42a. Wenn ein nach dem Inhalt der Akten von einem Beteiligten geltend gemachter Haupt- oder Nebenanspruch oder der Kostenpunkt bei der Entscheidung ganz oder teilweise übergangen ist, so ist auf Antrag das Urteil durch nachträgliche Entscheidung zu ergänzen.

Die nachträgliche Entscheidung muß binnen einer zweiwöchigen Frist, die mit der Zustellung des Urteils beginnt, bei dem Reichswirtschaftsgerichte schriftlich beantragt werden.

§ 42b. Ein durch Urteil des Reichswirtschaftsgerichts geschlossenes Verfahren kann auf Antrag einer Partei oder eines zugelassenen Beteiligten wieder aufgenommen werden,

1. wenn die Entscheidung gegen den klaren Inhalt der Akten verstößt oder ein Anspruch oder eine Tatsache, die für die Entscheidung erheblich ist, in dem früheren Verfahren nicht in Betracht gezogen worden ist,

2. wenn die Unterlagen, auf denen die Entscheidung beruht, unrichtig oder unvollständig waren und die Beteiligten ohne ihr Verschulden außerstande gewesen sind, in dem früheren Verfahren die Berichtigung oder Vervollständigung der Unterlagen herbeizuführen,

3. wenn nach Ergehen der Entscheidung eine Tatsache eingetreten ist, die, wenn die Entscheidung erst nach ihrem Eintritt ergangen wäre, eine Änderung ihres Inhalts herbeigeführt hätte,

4. wenn ein Geschädigter die ihm bewilligten Zuschläge zum Friedenswert oder die ihm zur Wiederaufnahme einer wirtschaftlichen Tätigkeit im Ausland gewährte Beihilfe nicht innerhalb einer ihm zu setzenden Frist bestimmungsgemäß verwendet,

5. wenn das erkennende Gericht nicht vorschriftsmäßig besetzt war,

6. wenn ein Richter bei der Entscheidung mitgewirkt hat, welcher von der Ausübung des Richteramts kraft Gesetzes ausgeschlossen war, sofern nicht dieses Hindernis mittels eines Ablehnungsgesuchs ohne Erfolg geltend gemacht ist,

7. wenn bei der Entscheidung ein Richter mitgewirkt hat, obgleich er wegen Besorgnis der Befangenheit abgelehnt und das Ablehnungsgesuch für begründet erklärt war,

8. wenn eine Partei in dem Verfahren nicht nach Vorschrift des Gesetzes vertreten war, sofern sie nicht das Verfahren ausdrücklich oder stillschweigend genehmigt hat,

9. wenn das Urteil durch eine strafbare Handlung herbeigeführt ist, und wenn wegen dieser strafbaren Handlung eine rechtskräftige Verurteilung ergangen ist oder die Einleitung oder Durchführung eines Strafverfahrens aus anderen Gründen als wegen Mangels an Beweis nicht erfolgen kann.

In den Fällen der Nr. 1 ist eine Wiederaufnahme des Verfahrens nur dann zulässig, wenn ohne sie die Partei benachteiligt würde, in den Fällen der Nr. 2, 3 und 4 nur dann, wenn das Reichswirtschaftsgericht die Wiederaufnahme zur Vermeidung einer offenbaren Härte oder Unbilligkeit für geboten erachtet.

Der Antrag auf Wiederaufnahme des Verfahrens ist vor Ablauf einer Notfrist von zwei Monaten bei dem Reichswirtschaftsgericht einzureichen.

Die Frist beginnt in den Fällen der Nr. 1 mit dem Tage der Zustellung des Urteils, in den Fällen der Nr. 2 bis 9 mit dem Tage, an dem die Partei von dem Grunde, auf den der Antrag auf Wiederaufnahme des Verfahrens gestützt wird, Kenntnis erlangt hat. Nach Ablauf von fünf Jahren, von dem Tage der Zustellung des Urteils an gerechnet, ist der Antrag auf Wiederaufnahme des Verfahrens nur statthaft, wenn und soweit die zuerkannte Leistung noch nicht bewirkt ist.

Bei Versäumung der Notfrist des Abs. 3 finden die Vorschriften der §§ 22 bis 24 entsprechende Anwendung.

§ 42c. Wird die Wiederaufnahme eines Verfahrens beantragt, so entscheidet der große Senat darüber, ob die Voraussetzungen für die Einleitung eines Wiederaufnahmeverfahrens gegeben sind.

Insoweit die Voraussetzungen nicht für gegeben angesehen werden oder in den Fällen des § 42b Nr. 1 bis 3 sich die Entscheidung selbst aus anderen Gründen als richtig darstellt, ist der Antrag zurückzuweisen.

Insoweit die Voraussetzungen für die Einleitung eines Wiederaufnahmeverfahrens als gegeben erachtet werden, ist die Sache an den Senat zur Einleitung eines Wiederaufnahmeverfahrens zurückzuverweisen. Die Zurückverweisung kann an einen anderen Senat erfolgen. Für das Wiederaufnahmeverfahren gelten die allgemeinen Verfahrensvorschriften.

§ 43. Wird ein Urteil des Reichswirtschaftsgerichts auf Grund der Vorschriften der §§ 42a bis 42c abgeändert, so ist jeder Beteiligte, der auf Grund des Urteils etwas zu Unrecht erhalten hat, verpflichtet, das Empfangene zurückzugeben, soweit nicht in sonstigen Vorschriften ein anderes bestimmt ist. Über diese Verpflichtung entscheidet das Reichswirtschaftsgericht in dem Berichtigungs- oder in dem wiederaufgenommenen Verfahren.

§ 44. Aus dem Urteil des Reichswirtschaftsgerichts und der im § 43 bezeichneten Entscheidung sowie aus einem vor dem Reichswirtschaftsgericht oder dem Vorsitzenden abgeschlossenen, in die Verhandlungsniederschrift aufgenommenen Vergleiche findet, soweit in § 45 nichts Abweichendes bestimmt ist, die Zwangsvollstreckung statt.

Auf die Zwangsvollstreckung finden die Vorschriften der Zivilprozeßordnung sinngemäße Anwendung.

Die vollstreckbare Ausfertigung wird durch die Geschäftsstelle des Reichswirtschaftsgerichts erteilt. Die nach § 732 der Zivilprozeßordnung erforderlichen Entscheidungen sind durch den Vorsitzenden zu treffen. Das Reichswirtschaftsgericht gilt im Sinne der §§ 731, 767—770, 791, 887—890, 893 der Zivilprozeßordnung als Prozeßgericht; es entscheidet bei Vergleichen auf die im § 797 Abs. 5 der Zivilprozeßordnung bezeichneten Klagen. Die Vorschriften der §§ 916—945 der Zivilprozeßordnung finden keine Anwendung.

§ 45. Ist auf Grund eines Urteils des Reichswirtschaftsgerichts oder eines vor dem Reichswirtschaftsgericht oder dem Vorsitzenden abgeschlossenen, in die Verhandlungsniederschrift aufgenommenen Vergleichs der Reichsfiskus oder ein Landesfiskus zu Leistungen verpflichtet, so soll der Vorsitzende, soweit nicht in sonstigen Vorschriften ein anderes bestimmt ist, die Bewirkung der Leistungen an den Empfangsberechtigten, soweit sie sofort fällig sind, von Amts wegen binnen zwei Wochen nach der Entscheidung, im übrigen auf Antrag des Empfangsberechtigten binnen zwei Wochen nach Fälligkeit veranlassen.

§ 46. Die an dem Verfahren beteiligten Behörden und juristischen Personen des öffentlichen Rechts können in jeder Lage des Verfahrens von dem Stande der Sache durch Akteneinsicht Kenntnis nehmen.

Den übrigen Beteiligten kann der Präsident, nach Anberaumung des Verhandlungstermins auch der Vorsitzende des zuständigen Senats, die Akteneinsicht nach freiem Ermessen gestatten.

III. Kosten des Verfahrens.

§ 47. Die Mitglieder des Reichswirtschaftsgerichts erhalten bei Dienstverrichtungen außerhalb ihres Wohnsitzes aus Reichsmitteln Tagegelder und Reisekosten.

Die Höhe der Tagegelder und Reisekosten bestimmt der zuständige Reichsminister im Einvernehmen mit dem Reichsminister der Finanzen.

§ 51. Das Reichswirtschaftsgericht entscheidet im Urteil darüber, wer die den Beteiligten erwachsenen Kosten des Verfahrens zu tragen hat. Die §§ 91 bis 98, 100, 101 und der § 103 Abs. 1 der Zivilprozeßordnung finden entsprechende Anwendung. In den Rechtsmittelverfahren gegen die Entscheidungen der Spruchkammern des Reichsentschädigungsamts für Kriegsschäden können dem Reiche jedoch nur solche Auslagen des Antragstellers auferlegt werden, die durch unbegründete oder unzulässige Anträge oder Beschwerden des Vertreters des Reichsinteresses erwachsen sind und zur zweckentsprechenden Rechtsverfolgung notwendig waren.

Die Festsetzung des Kostenbetrags, der einem Beteiligten auf Grund eines Urteils oder eines vor dem Reichswirtschaftsgericht oder dem Vorsitzenden abgeschlossenen, in die Verhandlungsniederschrift aufgenommenen Vergleichs zu erstatten ist, erfolgt auf Antrag endgültig durch den Vorsitzenden. Der Beschluß ist den Beteiligten zuzustellen.

Auf den Festsetzungsbeschluß finden die Vorschriften der §§ 44, 45 entsprechende Anwendung.

IV. Rechtsanwaltsgebühren.

§ 52. Die Vergütung für die Berufstätigkeit des Rechtsanwalts in dem Verfahren vor dem Reichswirtschaftsgerichte sowie für die beratende Berufstätigkeit des Rechtsanwalts, die er aus Anlaß eines solchen Verfahrens ausübt, bestimmt sich nach einer von dem zuständigen Reichsminister zu erlassenden allgemeinen Anordnung.

V. Übergangsvorschriften.

§ 53. In den zur Zuständigkeit des Reichswirtschaftsgerichts gehörigen Angelegenheiten kommen die bis zum Inkrafttreten der Entschädigungsordnung erlassenen, die Zusammensetzung und das Verfahren, Gebühren und Kosten betreffenden Vorschriften nur insoweit zur Anwendung, als sie ausdrücklich aufrechterhalten werden.

Unberührt bleiben:

1. § 3 Abs. 7 der Verordnung über die Sicherstellung von Kriegsbedarf vom 24. Juni 1915 (Reichsgesetzbl. S. 357) in der Fassung der Bekanntmachung vom 26. April 1917 (Reichsgesetzbl. S. 375),

2. § 18 Abs. 2 der Anordnung für das Verfahren vor dem Reichsschiedsgerichte vom 22. Juli 1915 (Reichsgesetzbl. S. 469) und § 19 Abs. 2 dieser Anordnung, soweit er die Erstattung notwendiger Auslagen in den auf Grund des § 2 Abs. 1 der Verordnung zur Sicherstellung von Kriegsbedarf vom 24. Juni 1915 (Reichsgesetzbl. S. 357) in der Fassung der Bekanntmachung vom 26. April 1917 (Reichsgesetzbl. S. 375) stattfindenden Verfahren zum Gegenstande hat,

3. § 5 Abs. 2 der Anordnung über das Schiedsgericht für die Kohlenverteilung vom 21. März 1917 (Reichsgesetzbl. S. 250),

4. § 4 Abs. 2 und 3 der Verordnung, betreffend das Schiedsgericht für Binnenschiffahrt vom 25. Februar 1918 (Reichsgesetzbl. S. 91),

5. § 74 Abs. 3 Satz 1 der Kohlensteuerausführungsbestimmungen vom 12. Juli 1917 (Zentralblatt für das Deutsche Reich S. 165) und § 74 Abs. 6 Satz 1 der Kohlensteuerausführungsbestimmungen, soweit er eine Vorschrift über den Wert des Streitgegenstandes enthält,

6. § 6 Abs. 2, § 7 Abs. 3 Satz 2 und Abs. 6, § 8 Abs. 3 und 5, § 9 Satz 2 Halbsatz 2, § 10 Abs. 4, § 11 Abs. 3 Satz 2 Halbsatz 2, § 13 Abs. 1 Satz 4 der Vertragsablösungsverordnung vom 8. August 1919 (Reichsgesetzbl. S. 1375),

7. die Bekanntmachung über das Verfahren zur Feststellung der nach dem Gesetze vom 27. März 1920 (Reichsgesetzbl. S. 353) zu gewährenden Vergütung von Requisitions- und Kriegsleistungen im besetzten und geräumten Reichsgebiete vom 26. Mai 1920 (Reichsgesetzbl. S. 1086),

8. § 1 Abs. 2 der Bekanntmachung des Reichsministers der Justiz über die Zusammensetzung und das Verfahren des Reichswirtschaftsgerichts in Ausgleichssachen vom 26. Juni 1920 (Reichsgesetzbl. S. 1348), soweit sie sich auf die Fälle des § 55 des Reichsausgleichsgesetzes bezieht,

9. § 11 der Verordnung, betreffend das Verfahren zur Feststellung der Entschädigung auf Grund des Gesetzes über die durch innere Unruhen verursachten Schäden, vom 15. September 1920 (Reichsgesetzbl. S. 1647).

§ 54. Die dem Reichswirtschaftsgerichte durch die Vertragsablösungsverordnung vom 8. August 1919 (Reichsgesetzbl. S. 1375), die Verordnung, betreffend Nichtigkeitserklärung von Verträgen vom 18. September 1919 (Reichsgesetzbl. S. 1700) und die Verordnung über die Abgeltung von Ansprüchen gegen das Reich vom 4. Dezember 1919 (Reichsgesetzbl. S. 2146) übertragenen Entscheidungen erfolgen durch erweiterte Senate (§ 10 Abs. 1).

Die dem Reichswirtschaftsgerichte durch die Verordnungen über die Rückgabe der aus Belgien und Frankreich entfernten Maschinen vom 28. März 1919 (Reichsgesetzbl. S. 349), vom 5. Mai 1919 (Reichsgesetzbl. S. 449) und vom 14. November 1919 (Reichsgesetzbl. S. 1884) übertragenen Entscheidungen erfolgen durch erweiterte Senate, sofern der Wert des Streitgegenstandes 300000 M. übersteigt.

§ 55. In den am Tage des Inkrafttretens dieser Verordnung bei dem Reichswirtschaftsgericht anhängigen Sachen sind für das weitere Verfahren die Vorschriften dieser Verordnung maßgebend.

Anlage III.

Die Anordnung über die Vergütung für die Berufstätigkeit des Rechtsanwalts in dem Verfahren vor dem Reichswirtschaftsgerichte.

Vom 6. Oktober 1920 (RGBl. S. 1716), in der Fassung, die sie durch § 66 der Entschädigungsverordnung vom 30. Juli 1921 (RGBl. S. 1046) und durch die VO. vom 28. Februar 1924 (RGBl. I S. 378) erhalten hat*).

Auf Grund des § 52 der Verordnung über das Reichswirtschaftsgericht vom 21. Mai 1920 (RGBl. S. 1167) wird bestimmt:

§ 1. Im Verfahren vor dem Reichswirtschaftsgerichte finden die für bürgerliche Rechtsstreitigkeiten geltenden Gebührenvorschriften für Rechtsanwälte sinngemäße Anwendung, soweit sich aus den nachfolgenden Bestimmungen nicht ein anderes ergibt.

§ 2. Die Bestimmungen dieser Bekanntmachung finden auch dann Anwendung, wenn die Tätigkeit des

*) Die §§ 7 und 8 sind aufgehoben.

Rechtsanwalts ein Verfahren betrifft, für das die Zuständigkeit des Reichswirtschaftsgerichts durch eine Vereinbarung gemäß § 3 der Verordnung über das Reichswirtschaftsgericht begründet worden ist.

§ 3. Wird das Reichswirtschaftsgericht gegen die Entscheidung eines Gerichts oder einer Behörde angerufen, so finden die Gebührenvorschriften für Rechtsanwälte für die Berufungsinstanz auch dann Anwendung, wenn das Rechtsmittel nicht als Berufung bezeichnet ist.

§ 4. Der Wert des Streitgegenstandes wird von dem Vorsitzenden nach freiem Ermessen festgesetzt.

§ 5. Bei jedem Antrag soll der Wert des Streitgegenstandes, soweit er nicht in einer bestimmten Geldsumme besteht oder sich aus früheren Anträgen ergibt, angegeben werden.

§ 6. Gegen die Festsetzung des Wertes des Streitgegenstandes steht dem Rechtsanwalt das Rechtsmittel der Beschwerde zu. Über die Beschwerde entscheidet, sofern der Vorsitzende nicht abhilft, der große Senat.

Sachregister.

(Die Zahlen verweisen auf die Seiten.)

Gedruckt bei A. W. Hayn's Erben, Potsdam.

XI. 26. — 15 000.

Nr. 14. **Gerichtsverfassungsgesetz.** Von R. Sydow. Fortgeführt von L. Busch. 10. Auflage. 1925. Rm 6,—

Nr. 15. **Das deutsche Gerichtskostengesetz.** Von R. Sydow. Fortgeführt von L. Busch u. F. Koehler. 11. Aufl. In Bearb.

Nr. 16. **Rechtsanwaltordnung.** Von R. Sydow. 5. Auflage v. M. Jacobsohn. Mit Nachtrag von 1910. — 1907. Vergriffen.

Nr. 17. **Gebührenordn. f. Rechtsanw. usw.** Von R. Sydow. Fortgef. v. L. Busch u. O. Krieg. 13. Aufl. In Bearbeitung.

Nr. 18. **Reichsstempelgesetz.** Von P. Loeck. Vergriffen. Wird durch Kapitalverkehrssteuerges. ersetzt. Erl. Ausg. in Bearb.

Nr. 19. **Die Seegesetzgebung.** Von W. E. Knitschky. 5. Auflage von O. Rudorff. — 1913. Rm 8,—

Nr. 20. **Krankenversicherungsgesetz** siehe **Nr. 107, 161.**

Nr. 21. **Die Konsulargesetzgebung.** Von Ph. Zorn. 3. Auflage von K. Zorn. — 1911. Rm 4,50

Nr. 22. **Patentgesetz.** Von R. Lutter. 8. Auflage. — 1920. Mit Nachtrag. — 1924. Rm 4,—. Nachtrag apart Rm 0,40

Nr. 23. **Gewerbe-Unfallversicherungsgesetz** s. **Nr. 108, 161 a.**

Nr. 24. **Aktiengesellschaft u. Kommanditgesellschaften auf Aktien.** Von H. Keyßner und H. Veit Simon. 7. Aufl In Bearbeitung.

Nr. 25. **Brausteuergesetz.** Siehe Reichsgesetz Nr. **54** Bd. II.

Nr. 26. **Münz- und Notenbankwesen.** Von R. Koch. 7. Aufl. von Reichsbankpräsident Schacht. 1925. Rm 14,—

Nr. 27. **Gesundheitswesen im Deutschen Reich.** Von G. Goesch und J. Karsten. — 1888. Vergriffen.

Nr. 28. **Bau-Unfallversicherungsgesetz** siehe **Nr. 108.**

Nr. 29. **Erwerbs- und Wirtschaftsgenossenschaften.** Von L. Parisius und H. Crüger. 18. Auflage. — 1925. Rm 4,—

Nr. 30. **Invalidenversicherungsgesetz** s. **Nr. 109, 161** u. **161 a.**

Nr. 31. **Gewerbegerichtsgesetz.** Von W. Cuno. Vergriffen, Siehe auch Nr. **112, 112 a.**

Nr. 32. **Gesellschaften mit beschränkter Haftung.** Von L. Parisius u. H. Crüger. 17. Aufl. — 1926. Rm 3,50

Nr. 33. **Vereins- und Versammlungsrecht.** Von E. Ball. 2. Auflage von F. Friedenthal. — 1907. Rm 2,—

Reichs-Vereinsgesetz vom 19. April 1908 siehe **Nr. 88.**

Nr. 34. **Die Abzahlungsgeschäfte.** 3. Auflage von E. Wilke. — 1910. Rm 1,20

Nr. 35. **Die Reichs-Eisenbahngesetzgebung.** Von W. Coermann. — 1895. (Siehe auch Nr. **66.**) Rm 2,—

Nr. 36. **Privatrechtliche Verhältnisse der Binnenschiffahrt und Flößerei.** Von E. Löwe. 6. Auflage. — 1923. Rm 4,—

Nr. 37. **Unlauterer Wettbewerb.** Von A. Pinner. 7. Auflage von A. Elster. — 1921. Rm 1,40

Nr. 38/39. **Bürgerliches Gesetzbuch nebst Einführungsgesetz.** Von A. Achilles. In Verbindung mit F. André, O. Meyer, O. Strecker, K. v. Unzner herausgegeben von M. Greiff. 12. Auflage. — 1926. Im Druck.

Nr. 40. Gesetz, betr. die **Pflichten der Kaufleute bei Aufbewahrung fremder Wertpapiere [Depotgesetz].** Von F. Lusensky. 3. Auflage. — 1916. Mit Nachtrag 1924. Rm 1,—

Nr. 41. **Börsengesetz.** Von Th. Hemptenmacher. 3. Auflage von O. Meyer. — 1915. Rm 3,50

Nr. 42. **Grundbuchordnung.** Von O. Fischer. 8. Auflage. — 1924. Rm 3,—

Nr. 43. **Zwangsvollstreckung.** Von J. Krech und O. Fischer. 9. Auflage von O. Fischer. — 1922. Rm 3,50

Nr. 44. **Auswanderungswesen.** Von F. Stoerk. — 1899. Rm 2,—

Nr. 45. **Entmündigungsrecht.** Von P. Koll. — 1900. Rm 1,20

Nr. 46. **Freiwillige Gerichtsbarkeit.** Von H. Jastrow. 6. Auflage von Herm. Günther. — 1921. Rm 4,50

Nr. 47. **Deutsches Vormundschaftsrecht.** Von M. Schultzenstein und P. Köhne. 2. Auflage. — 1901. Rm 2,50

Nr. 48. Gesetze, betr. den **Drogen-, Gift- und Farbenhandel** außerhalb der Apotheken. Von J. Broh. — 1899. Rm 1,20

Nr. 49. **Deutsche Kolonialgesetzgebung.** Von Ph. Zorn. 2. Auflage von Sassen. — 1913. Rm 5,—

Nr. 50. **Der Viehkauf [Viehgewährschaft].** Von H. Stölzle und H. Weiskopf. 6. Auflage. — 1926. Rm 15,—

Nr. 51. **Hypothekenbankgesetz.** Von H. Göppert. 2. Auflage von Seidel. — 1911. Mit Nachtrag. 1926. Rm 2,20

Nr. 52. **Rechte der Besitzer v. Schuldverschreibungen.** Von H. Göppert. 2. Aufl. v. E. Trendelenburg. — 1915. Rm 1,50

Nr. 53. **Reichspreßges.** Von A. Born. 3. Aufl. 1924. Rm 4,—

Nr. 54. Verkehr mit **Nahrungsmitteln, Genußmitteln und Gebrauchsgegenständen.** Von G. Lebbin. — 2. Aufl. in 2 Bänden.
Bd. II. **Getränkegesetze u. Getränkesteuergesetze** (Wein, Bier, Branntw., Mineralw.). Unt. Mitw. v. Dr. Kniebe. Rm 10.—

Nr. 55. **Beschlagnahme von Lohn- und Gehaltsforderungen.** Von G. Meyer. 5. Auflage. — 1914. Durch Nachträge ergänzt 1925. (Nachträge allein Rm 0,70) Rm 2,30

Nr. 56. **Bekämpfung gemeingefährlicher Krankheiten.** Von B. Burkhardt. — 1900. Rm 1,20

Nr. 57. **See-Unfallversicherungsgesetz** siehe Nr. 108 u. 161 a.

Nr. 58. **Recht der unehelichen Kinder.** Von H. Jastrow. — 1901. Mit Nachtrag 1925. Rm 1,60

Nr. 59. **Beurkundung des Personenstandes und die Eheschließung.** Von F. Fidler. 2. Auflage. — 1912. Rm 2,30

Nr. 60. **Das Urheberrecht an Werken der Literatur und der Tonkunst.** Von O. Lindemann. 4. Auflage. — 1921. Rm 1,80

Nr. 61. **Verlagsrecht.** Von B. Marwitz. 3. Auflage. — 1922. Rm 1,60

Nr. 62. **Private Versicherungsunternehmungen.** Von H. Könige. 3. Auflage. — 1926. Im Druck.

Nr. 63. **Gesetzestafel des deutschen Reichsrechts.** Von H. Bruhns. 2. Auflage. — 1913. Rm 3,—

Nr. 64. Gesetzsammlung, betr. den **Handel mit Drogen und Giften.** Von H. Sonnenfeld. 3. Auflage. — 1926. Rm 12,—

Nr. 65. **Weingesetz.** Von G. Lebbin. 2. Aufl. — 1909. Rm 2,— (Siehe auch Reichsgesetz Nr. 54 Bd. II.)

Nr. 66. **Die Eisenbahn-Gesetzgebung.** Von W. Pietsch. 2. Auflage. — 1913. (Siehe auch Nr. 91.) Vergriffen.

Nr. 67. **Militär-Strafgesetzbuch.** Von A. Romen und C. Rissom. 3. Auflage. — 1918. Rm 5,—

Nr. 68. **Fleischbeschaugesetz.** Von G. Lebbin und G. Baum. — 1903. Vergriffen.

Nr. 69. Reichsgesetz über die **Naturalleistungen der bewaffneten Macht im Frieden.** Von W. v. Hippel. — 1903. Rm 1,—

Nr. 70. **Das Reichs-Haftpflichtgesetz.** Von G. Eger. — 1903. Vergriffen. — (Als Ersatz Kommentar von Seligsohn. — 1920. Rm 8,—, geb. Rm 9,50)

Nr. 71. **Kinderarbeit in gewerblichen Betrieben.** Von H. Spangenberg. 2. Auflage. — 1904. Rm 1,20

Nr. 72. **Unfallversicherungsgesetz** siehe Nr. 108 und 161a.

Nr. 73. **Entschädigung für unschuldig erlittene Verhaftung und Bestrafung.** Von A. Romen. — 1904. Rm 1,70

Nr. 74. **Die Kaufmannsgerichte.** Von M. Apt. 3. Auflage. — 1904. (Siehe auch Nr. 112 und 112a.) Vergriffen.

Nr. 75. **Konsulargerichtsbarkeit.** Von A. F. Vorwerk. 2. Ausgabe, mit den Schutzgebietsgesetzen. — 1908. Rm 1,60

Nr. 76. **Die Rechtshilfe im Verkehr mit den ordentlichen Gerichten.** Von A. Friedländer. — 1906. Rm 1,50

Nr. 77. **Das Erbschafts-StG.** Von B. Henckel. 1920. Rm 5,— Neue Fassung v. H. Schachian. 4. Auflage. — 1926. Im Druck.

Nr. 78. **Zigarettensteuergesetz.** Von Cuno. Vergriffen.

Nr. 79. **Die Militärpensionsgesetze.** Von A. Romen.
a) I. Teil: **Offizierpensionsgesetz. — 1907.** Rm 2,—
b) II. Teil: **Mannschaftsversorgungsgesetz.** Mit **Kapitalabfindungsgesetz.** — 1908. Rm 2,—

Militärversorgungsgesetze siehe auch Nr. 152 und 152a.

Nr. 80. **Gerichtliche Registerführung.** Von O. Lindemann. — 1906. Rm 2,40

Nr. 81. **Urheberrecht an Werken der bildenden Künste und der Photographie.** Von L. Fuld. 2. Auflage. — 1926. Rm 6,—

Nr. 82. **Reichsbeamtengesetz.** Von A. Arndt. 3. Auflage. — 1923. Mit Nachtrag, enth. die Änderungen bis 1924. Rm 3,50

Nr. 83. **Versicherungsvertrag.** Von P. Hager und E. Bruck. 5. Auflage. — 1926. Rm 14,—

Nr. 84. **Sammlung kleinerer privatrechtlicher Reichsgesetze.** Von G. Müller. — 1908. Rm 5,50

Nr. 85. **Scheckgesetz.** Neue Aufl. i. Bearb. (Siehe auch Reichsges. Nr. 5 u. 162.) Im Druck: Kommentar v. Michaelis. ca. Rm 15,—

Nr. 86. **Die Auslieferungsverträge des Deutschen Reiches.** Von A. Cohn. — 1908. Rm 4,—

Nr. 87a. **Das deutsche Warenzeichenrecht.** Von Freund und Magnus. 6., neubearb. Aufl. von Jüngel und Magnus. Teil I: **Die internationalen Verträge.** — 1924. Rm 9,—

Nr. 88. **Vereinsgesetz.** Von A. Romen. 5. Aufl. — In Bearb.

Nr. 89. **Vogelschutzgesetz.** Von L. v. Boxberger. — 1909. Rm 1,—

Nr. 90. Die Haager Abkommen über das **Internationale Privatrecht.** Von G. Bogeng. — 1908. Rm 2,—

Nr. 91. **Eisenbahn-Verkehrsordnung.** Von E. Blume. 3. Auflage von Weirauch. — 1926. Rm 12,—

Nr. 92. **Verkehr mit Kraftfahrzeugen.** Von R. Kirchner. 3. Auflage. — 1915. Mit Nachtrag, enth. alle Neuerungen bis Ende 1925. Rm 5,—. (Nachtrag einzeln Rm 1,50)

Nr. 93. **Sicherung der Bauforderungen.** Von E. Harnier. 3. Auflage. — 1912. Rm 1,50

Nr. 94. **Die Beamtenhaftpflichtgesetze des Reiches und der Länder.** Von H. Delius. 3. Auflage. — 1921. Rm 3,20

Nr. 95. Die Berner Übereinkunft über **Internationales Urheberrecht.** Von H. Dungs. — 1910. Rm 1,—

Nr. 96. **Branntweinsteuergesetz.** — **Branntweinmonopolgesetz** siehe Nr. 54 Bd. II.

Nr. 97. **Schutzgebietsgesetz.** Von J. Gerstmeyer. — 1910. Rm 2,50

Nr. 98. **Sechs Haager Abkommen über Internationales Privatrecht.** Von H. Dungs. — 1910. Rm 1,50

Nr. 99. **Die Abkommen d. Haager Friedenskonferenz. Vergr. Jetzt: Wehberg, Völkerbundakte.** Rm 4,— (Außerh. d. Samml.)

Nr. 100. **Kaligesetz.** Von B. Voelkel. — 1910. Rm 2,40

Nr. 101. **Zuwachssteuergesetz.** Von W. Cuno. — Vergriffen.

Nr. 102. **Urheberrecht an Mustern und Modellen** und Schutz von **Gebrauchsmustern.** Von J. Neuberg. — 1911. Rm 2,40

Nr. 103. Reichs-Viehseuchengesetz. Von W. v. Hippel. 2. Auflage. — 1912. Rm 4,—

Nr. 104. Versicherungsgesetz für Angestellte siehe Seite 12.

Nr. 105. Das Geldwesen in den deutschen Schutzgebieten. Von W. Hintze. — 1912. Rm 1,80

Nr. 106—109. Reichs-Versicherungsordnung. Von F. Caspar und A. Spielhagen. 1913—1921. 4 Bände. Komplett. Rm 18,—

Reichsversicherungsordnung in neuester Fassung von K. Lippmann s. Nr. 161 und 161a/b.

Nr. 110. Wehrbeitragsgesetz. Von A. Fernow. 2. Auflage. — 1913. Rm 1,60

Nr. 111. Reichs- und Staatsangehörigkeitsgesetz. Von A. Romen. 2. Auflage. In Bearbeitung.

Nr. 112. Kaufmannsgerichtsgesetz. Von H. Depène. — 1914. Rm 2,60

Nr. 112a. Kaufmanns- u. Gewerbegerichtsgesetz nebst Schlichtungsordnung. (Ergbd. z. Nr. 112.) V. H. Depène. 1924. Rm 3,50

Die Nr. 112 u. 112a enthalten zusammen den vollständigen Text des Gewerbegerichtsgesetzes.

Nr. 113. Postscheckgesetz. Von J. Weiland. — 1914. Mit Nachtrag 1918. Rm 1,50

Nr. 113 a. Postscheckordnung. Von J. Weiland. — 1914. Mit Nachtrag 1918. Rm 1,50

Nr. 114. Waffengebrauch und Festnahmerecht des Militärs. Von A. Romen und C. Rissom. — 1914. Rm 1,80

Nr. 115. Das vertragliche Wettbewerbsverbot [Konkurrenzklausel]. Von G. Baum. — 1914. Rm 3,—

Nr. 116. Kriegs-Zivil- u. Finanzgesetze. 3. Aufl. — 1915. Rm 1,50

Nr. 116a. Zweite Folge: Jahr 1915. — 1916. Rm 1,20

Nr. 117. Darlehnskassengesetz. — 1915. Rm 1,80

Nr. 118. Militärhinterbliebenengesetz. Von Reh. — 1915. (Siehe auch Nr. 152, 152a und 160.) Rm 2,20

Nr. 119. Kriegsleistungsgesetz. Vergriffen.

Nr. 120. Telegraphenwegegesetz. Von Wolf. — 1916. Rm 1,—

Nr. 121. Direkte Kriegssteuer. Von A. Mrozek. 1916. Rm 3,50

Nr. 122. Belagerungszustand. Von H. Pürschel. 1916. Rm 3,50

Nr. 123. Warenumsatzstempel. (Umsatzsteuer siehe **Nr. 132.)**

Nr. 124. Todeserklärung Kriegsverschollener. Von J. Partsch. — 1917. Rm 2,—

Nr. 125. Vaterländischer Hilfsdienst. 3. Auflage. — 1917. Rm 1,—

Nr. 126. Besitzsteuergesetz. Von A. Mrozek. Vergriffen.

Nr. 127. **Geschäftsaufsicht zur Abwendung des Konkurses.** Von G. Klien u. Ernst Jaeger. — 1917. Durch Nachträge ergänzt. Rm 3,—

Nr. 128. **Verhaftung und Aufenthaltsbeschränkung.** Von A. Romen. — 1917. Rm 1,20

Nr. 129. **Zivilrechtkriegsgesetze.** Von Fischer. — 1918. Rm 1,50

Nr. 130. **Ersatzlebensmittelverordnung.** — 1918. Rm 1,50

Nr. 131 a. **Reichsfinanzgesetzgebung 1918.** Bd. I. **Getränkesteuern.** Von G. Mayer. — 1918. Rm 2,50

Nr. 131 b. **Reichsfinanzgesetzgebung 1918.** Bd. II. **Einkommen, Umsatz** usw. Von G. Mayer. — 1919. Rm 1,50

Nr. 132. **Umsatzsteuergesetz.** Von Otto Lindemann. 4. Auflage. — 1926. Rm 10,—

Nr. 133. **Reichswuchergesetzg.** Von Ad. Lobe. — 1918. Rm 2,80

Nr. 134. **Der Ostfrieden.** Von Karl Strupp. — 1918. Rm 3,—

Nr. 135. **Erbbaurecht.** Von H. Günther. — 1919. Rm 2,—

Nr. 136. **Militärvers.-Ges.** Von H. Günther. — 1919. Rm 2,30

Nr. 137. **Reichsverfassung.** Von Arndt. 2. Aufl. — 1921. Rm 2,50

Nr. 138 a. **Arbeiterschutz und Arbeitsrecht.** Von A. Günther. 1920. Rm 5,—

Nr. 138 b. **Betriebsrätegesetz.** Von A. Günther. — 1920. Vergr.

Nr. 139. **Grunderwerbsteuergesetz.** Von Otto Lindemann. 2. Auflage. — 1926. Rm 4,—

Nr. 140. **Die Siedelungsgesetzgebung im Reich und in Preußen.** Von W. Holzapfel. — 1920. Rm 3,—

Nr. 141. **Sozialisierungsgesetze.** Von Reier. — 1920. Rm 2,20

Nr. 142. **Wirtschaftliche Demobilmachung.** Von Gg. Fischbach. — 1920. Rm 1,—

Nr. 143. **Reichsabgabenordnung.** Von Nieberl. Rm 4,—

Nr. 144. **Versicherungsgesetz für Angestellte.** Siehe S. 12.

Nr. 145. **Steuer- und Kapitalflucht.** Von E. H. Meyer. 2. Auflage. — 1921. Rm 1,60

Nr. 146. **Tabaksteuergesetz.** Von Wündisch. — 1920. Mit Nachtrag 1925. Rm 4,—

Nr. 147. **Filmzensur.** Von Szczesny. — 1920. Rm 1,50

Nr. 148. **Reichsausgleichsgesetz.** Von Decke. — 1920. Rm 1,50

Nr. 149. **Reichsnotopfergesetz.** Von Friedmann und Wrzeszinsky. — 1921. Rm 4,—

Nr. 150. **Reichsschädengesetze.** Von Adolf Hohenstein und Wenzel Goldbaum. — 1922. Rm 4,—

Nr. 151. **Einkommensteuer und Körperschaftsteuer.** Von Hollaender. — 1926. Rm 24,—

Nr. 152. **Wohlfahrtsgesetze.** Von Behrend und Stranz-Hurwitz. Teil I. 1923. Rm 5,—

Nr. 152a. Desgl. Teil II. 1925. Rm 9,—

Nr. 152 und 152a zusammen bezogen Rm 12,—

Nr. 153. **Zwangsanleihegesetz.** Von Simon und Beutner. 1923. Rm 8,—

Nr. 154. **Jugendwohlfahrtsgesetz und Jugendgerichtsgesetz.** Von Drewes und Sandré. — 1923. Mit Nachtrag, enth. die Ergänzungen bis April 1924. Rm 6,—

Nr. 155. **Reichsknappschaftsgesetz.** Von Max Reuß und Fritz Hense. 2. Auflage. — 1926. Rm 12,—

Nr. 156. **Mietrecht und Wohnungsmangelgesetz.** Von Krieg. 3. Auflage. — 1925. Rm 7,—

Nr. 157. **Dritte Steuernotverordnung v. 14. 2. 1924** mit den Vorschriften über **Aufwertung.** 2. Auflage unter dem Titel: **Aufwertungsgesetze.** Von Michaelis. — 1925. Rm 16,—

Nr. 158. **Strafprozeßordnung.** Alte u. neue Fassung synoptisch gegenübergestellt. Von Feisenberger. — 1925. Rm 4,50

Nr. 159. **Industriebelastungsgesetz.** Von Höpker. Rm 4,—

Nr. 160. **Fürsorgepflicht.** Von Sandré. — 1925. Rm 6,—

Nr. 161. **Reichsversicherungsordnung.** Von Lippmann. Rm 11,—

Nr. 161a. Desgl. **Ergänzungsband,** enthaltend die neue Fassung des **Unfallversicherungsgesetzes** sowie die Änderungen der übrigen Bücher der RVO. Von Lippmann. Rm 4,—

Nr. 161b. Desgl. **Zweiter Ergänzungsband,** enthaltend die im 1. Halbjahr 1926 ergangenen Änderungen der RVO. — 1926. Rm —,80

Nr. 162. **Handelsrechtliche Nebengesetze.** Von Schreiber. — 1926. Rm 14,—

Nr. 163. **Notariatsrecht.** Von Szkolny. — 1925. Rm 8,50

Nr. 164. **Aufwertung von Versicherungsansprüchen.** Teil I: **Lebensversicherungen.** Von Berliner und Pfaffenberger. — 1926. Rm 6,50

Nr. 164a. Desgl. Teil II: **Sach-** (Feuer-, Glas-, Wasser- usw.) **und Transportversicherung, Unfall- und Haftpflichtversicherung.** — 1926. Rm 3,50

Nr. 165. **Handbuch der Erwerbslosenfürsorge.** Von Schmeißer. 2. Auflage. — 1926. Rm 10,50

Nr. 166. **Das deutsche Ausländerrecht.** Von Fraustädter und Kreutzberger. — 1926. Im Druck.

Nr. 167. **Verordnung gegen Mißbrauch wirtschaftlicher Machtstellungen** (Kartellgesetz). Von Staffel. Im Druck.

B. Preußische Gesetze.

Nr. 1. Die Verfassung des Freistaats Preußen. Von A. Arndt. — 1921. Rm 2,—
Ausführlicher Kommentar von Stier-Somlo. — 1921. Rm 5,—

Nr. 2. Preußische Beamten-Gesetzgebung. Von K. Pfafferoth. 5. Auflage. — 1916. Rm 2,40

Nr. 3. Nottestamente. Von E. Kurtz. — 1904. Rm 1,50

Nr. 4. Gebührenordnung für Notare. Vom 28. Oktober 1922. Von Kausnitz. 6. Auflage. — 1925. Rm 7,—

Nr. 5—9 vergriffen.

Nr. 10. Einkommensteuergesetz siehe Reichsgesetze Nr. 151.

Nr. 11. Gewerbesteuergesetz. Von A. Fernow. Vergriffen.

Nr. 12. Allgemeines Berggesetz. Von Schlüter und Hense. 4. Auflage. — In Vorbereitung.

Nr. 13. Ergänzungssteuergesetz. Von A. Fernow. 5. Aufl. Rm 3,—

Nr. 14. Kommunalabgabengesetz. Von F. Adickes. 6. Auflage von Falk. — 1922. Rm 3,50

Nr. 15. Die Kreisordnungen. Von O. Kolisch. — 1894. Vergriffen.

Nr. 16. Konzessionierung gewerblicher Anlagen. Von W. v. Rüdiger. 2. Auflage. — 1901. Vergriffen.

Nr. 17. Preußisches Gerichtskostengesetz. Von P. Siméon. 8. Auflage. In Vorbereitung.

Nr. 18. Preußisches Stempelsteuergesetz. Von P. Loeck und W. Seyffarth. 10. Auflage von Eiffler. — In Bearbeitung.

Nr. 19. Jagdscheingesetz. Von F. Kunze. 2. Aufl. — 1899. Rm 2,—

Nr. 20. Die preußischen Erbschaftssteuergesetze. Von U. Hoffmann. — 1905. Rm 3,—
(**Reichs**-Erbschaftssteuergesetz siehe Seite 12.)

Nr. 21. Handelskammern. Von F. Lusensky. 2. Auflage. — 1909. Rm 3,—

Nr. 22. Anstellung und Versorgung der Kommunalbeamten. Von W. Ledermann. 2. Auflage von L. Brühl. — 1914. Rm 2,—

Nr. 23. Ausführungsgesetze zum Bürgerlichen Gesetzbuche. Von P. Siméon. 3. Auflage. — 1914. Rm 2,20

Nr. 24. Die Hinterlegungsordnung (1879). Von G. Bartels. 2. Auflage. — 1908. Rm 2,—
Abänderungsgesetz vom 21. April 1913 siehe Nr. 53.

Nr. 25. Preußische Kommunalbeamtengesetzgebung. Von F. Kremski. — 1901. Rm 3,—

Nr. 26. Diensteinkommen der Lehrer und Lehrerinnen. Von G. Cremer. — 1900. Rm 2,20

Nr. 27. Warenhaussteuer. Von G. Strutz. — 1900. Rm 1,20

Nr. 28. Die Fürsorgeerziehung Minderjähriger. Von P. F. Aschrott. 3. Auflage. — 1917. Rm 2,80

Nr. 29. Ärztliche Ehrengerichte, das Umlagerecht und die Kassen der Ärztekammern. Von F. Fibler. — 1901. Rm 1,50

Nr. 30. Preußisches Staatsschuldbuch und **Reichsschuldbuch.** Von J. Mücke. — 1902. Rm 2,—

Nr. 31. Die preußischen Gesindeordnungen. Zwei Bände. Von St. Gerhard.
61 a. Altpreußische Provinzen und Rheinland. 2. Auflage. — 1914. Rm 3,—
31 b. Hannover, Schleswig-Holstein, Hessen-Nassau und Hohenzollern. — 1902. Rm 2,50

Nr. 32. Städteordnung. Von W. Ledermann und L. Brühl. 2. Auflage. — 1913. Rm 6,—

Nr. 33. Rentenguts- und Anerbenrechts-Gesetzgebung. Von M. Peltasohn und B. Peltasohn. — 1903. Vergriffen.

Nr. 34. Sammlung der wichtigsten **preußischen Strafgesetze.** Von Lindemann. 2. Auflage. — 1912. Rm 3,50

Nr. 35. Geschäftsordnung für Gerichtsvollzieher Von G. Exner. — 1904. Rm 3,—

Nr. 36. Polizeiverordnungen in Preußen. Von O. Lindemann. — 2. Auflage. 1912. Rm 2,50

Nr. 37. Enteignung von Grundeigentum. Von O. Meyer. 2. Auflage. — 1911. Vergriffen.

Nr. 38. Kreis- und Provinzial-Abgabengesetz. Von F. Schmidt. — 1906. Rm 1,20

Nr. 39. Unterhaltung der öffentlichen Volksschulen. Von A. Marcks. — 1906. Rm 1,80

Nr. 40. Verwaltungsstrafverfahren. Von R. Katzenstein. — 1907. Rm 3,50

Nr. 41. Die preußischen Jagdpolizeigesetze. Von F. Kunze und R. Kühnemann. 2. Auflage. — 1907. Vergriffen.

Nr. 42. **Allgemeine Landesverwaltung und Zuständigkeit der Verwaltungs- und Verwaltungsgerichtsbehörden.** Von K. Friedrichs. 2. Auflage. — 1921. Rm 3,—

Nr. 43. **Verschuldungsgrenze** für land- und forstwirtschaftlich benutzte Grundstücke. Von R. Leweck. — 1908. Rm 2,40

Nr. 44. **Quellenschutzgesetz.** Von E. Voelkel. — 1909. Rm 1,—

Nr. 45. **Rechtsverhältnisse der Juden in Preußen.** Von M. Kollenscher. — 1910. Rm 2,40

Nr. 46. **Austritt aus der Landeskirche.** Von H. Caro. — 1911. Rm 2,40

Nr. 47. **Feuerbestattung.** Von W. Lohmann. — 1912. Rm 1,50

Nr. 48. **Zweckverbandsgesetz für Groß-Berlin.** Von L. Brühl, K. Gorban und W. Lebermann. — 1912. Rm 4,—

Nr. 49. **Gesetze gegen die Verunstaltung landschaftlich hervorragender Gegenden.** Von O. Goldschmidt. — 1912. Rm 2,40

Nr. 50. **Gesetz, betr. die Anlegung und Veränderung von Straßen und Plätzen in Städten und ländlichen Ortschaften.** Von O. Meyer. — 1913. Rm 3,—

Nr. 51. **Das preußische Disziplinargesetz für die nichtrichterlichen Beamten.** Von E. v. Dultzig. — 1914. Rm 4,20

Nr. 52. **Preußisches Wassergesetz.** Von G. Wulff und F. Herold. — 1913. Rm 4,50

Nr. 53. **Hinterlegungsordnung** von 1913. Von Hagemann. — 1914. Rm 2,20

Nr. 54. **Anlegung von Sparkassenbeständen in Inhaberpapieren.** Von H. Döhring. — 1914. Rm 2,80

Nr. 55. **Preußisches Wohnungsgesetz.** Von B. Schmittmann. — 1918. Rm 2,60

Nr. 56. **Das preußische Tumultschadengesetz.** Von Bruno Friedländer. — 1919. Rm 0,80

Nr. 57. Gesetz über **Landeskulturbehörden.** Von W. Holzapfel. — 1919. Rm 2,—

Nr. 58. **Arbeitsnachweis.** Von P. Wölbling. — 1920. Rm 1,—

Nr. 59. **Bildung der neuen Stadtgemeinde Berlin.** Von P. Wölbling. 2. Auflage. — 1920. Rm 1,40

Nr. 60. **Umlegungsordnung.** Von W. Holzapfel. — 1921. Rm 1,80

Nr. 61. **Preußische Verwaltungsgebührenordnung.** Von K. Eiffler. Mit Nachtrag. — 1925. Rm 6,—

C. Textausgaben

ohne Anmerkungen mit Sachregister.

Aufwertungsgesetze mit Einleitung. **Von Michaelis.** Rm 1,50
Betriebsrätegesetz. Vergriffen.
Bürgerliches Gesetzbuch. 14. Auflage. Rm 5,—
Erbschaftssteuergesetz. Neue Fassung von H. Schachian. 3. Auflage. Rm 2,50
Freiwillige Gerichtsbarkeit. — 1920. Rm 1,—
Handelsgesetzbuch mit Seerecht. 11. Auflage. — 1924. Rm 2,60
Konkursordnung. 2. Auflage. — 1915. **Mit Nachtr.** 1925. Rm 1,—
Militärstrafgerichtsordnung m. **Einführungsges.** — 1901. Rm 1,30
Militär-Strafgesetzbuch. 2. Auflage. — 1916. Rm 0,50
Reichsfinanzgesetze von 1909. — 1909. Rm 2,60
Reichsmietengesetz. — 1922. Rm 0,50
Reichsnotopfergesetz. Vergriffen.
Reichssteuergesetze 1925 (Steuerüberleitungsgesetz mit **Durchführungsbestimmungen** — **Einkommensteuer, Körperschaftsteuer,** Reichsbewertungsgesetz, **Vermögensteuer, Erbschaftssteuer**). Rm 4,—
Reichsversicherungsordnung. (Siehe A. Nr. 161.) Vergriffen.
Strafgesetzbuch. — 1925. Rm 3,—
Strafprozeßordnung. 5. Auflage. — 1924. Rm 2,50
Umsatzsteuergesetz. — 1920. (Siehe A. Nr. 132.) Vergriffen.
Verkehrs- u. Kohlensteuer u. Kriegssteuerzuschlag. 1917. Rm 0,60
Verfassung des Deutschen Reiches. Vergriffen.
Verfassung des Freistaates Preußen. Rm 0,60
Versicherungsgesetz für Angestellte. — 1924/25. Rm 2,—
Wechselordnung. — 1908. Rm 0,50
Wehrbeitrag und **Besitzsteuer.** — 1913. Rm 0,50
Zivilprozeßordnung mit **Gerichtsverfassungsgesetz** und **Einführungsgesetzen.** — 1924. Rm 3,50
Zuwachssteuergesetz. — 1911. Rm 0,50
— **Ausführungsbestimmungen.** — 1911. Rm 0,40
Preuß. Ausf.-Anweis. zur **Gewerbeordnung.** — 1904. Rm 1,—

Schlagwort-Register

R. = Nummer der Sammlung Deutscher Reichsgesetze.
P. = Nummer der Sammlung Preußischer Gesetze.
S. = Seite.

Schlagwort-Register. (R. — Reichsgesetz, P. — preuß. Gesetz.)

Schlagwort-Register. (R. — Reichsgesetz, P. — preuß. Gesetz.)

Schlagwort-Register. (R. = Reichsgesetz, P. = preuß. Gesetz.)

Verordnung des Reichspräsidenten über Maßnahmen auf dem Gebiete der Rechtspflege und Verwaltung vom 14. Juni 1932.

Kapitel VI.
Kartellgericht.

Durch Kap. VI werden der Aufgabenkreis und die Besetzung des Kartellgerichts geändert. Diese Vorschriften treten nach Kap. VIII des Teil I am 1. Juli 1932 in Kraft.

Der **Aufgabenkreis des Kartellgerichts** wird geändert. Nach bisherigem Recht unterliegt die Anwendung der stärksten Kartellmittel, wie Verhängung von Sperren, Verwertung von Sicherheiten u. a., gemäß § 9 KartVO. der öffentlich-rechtlichen Einwilligung des Vorsitzenden des Kartellgerichts; gegen seine Entscheidung können die Beteiligten die Entscheidung des Kartellgerichts anrufen. Die Vornahme der Maßnahmen ohne die Einwilligung hat Schadensersatzverpflichtungen nach § 823, II BGB. und Ordnungsstrafen nach § 17 KartellVO. zur Folge. Die Versagungsgründe für die Einwilligung sind Gefährdung der Gemeininteressen oder Knebelung des Betroffenen. Das Vorliegen solcher labilen Umstände ist naturgemäß von den allgemeinen Verhältnissen abhängig. Die bisherige reine „Präventivkontrolle" (vgl. Staffel, Kommentar S. 46) mußte also bei stark veränderten

Verhältnissen ihren Zweck verfehlen. Der neue § 9a ermöglicht daher nach dem Vorbild der Umwandlungsklage nach § 323, I ZPO. in begrüßenswerter Weise die notwendige Revision der Einwilligung oder Nichteinwilligung bei nachträglicher wesentlicher Veränderung der Verhältnisse, während bisher nur einzelne Entscheidungen bei nachträglichem Wegfall der Voraussetzungen aufhebbar waren (7, III; 10, VII KartellVO.).

Ferner wird der Aufgabenkreis des Kartellgerichts dadurch erheblich erweitert, daß den von ausgeführten Kartellsperren oder ähnlichen Maßnahmen Betroffenen in dem neuen § 9 b unmittelbar die Feststellungsklage beim Kartellgericht gegeben wird, ob die Maßnahme der Einwilligung des § 9 bedarf. Diese Aktivlegitimation einer Privatpartei zur Gewährleistung des Verwaltungsschutzes ist ein Novum innerhalb der auf öffentlich-rechtliche Überwachung abgestellten KartVO. Sie ist der (weitgehenderen) Nichtigkeitsklage des Reichswirtschaftsministers (§ 4 KartVO.) an die Seite zu stellen; die bestehende Privatklage des § 8 KartVO. betrifft nur Privatrechtsverhältnisse. Bei Durchdringen der Feststellungsklage kann der Betroffene Schadensersatzansprüche nach § 823, II BGB. vor dem ordentlichen Gericht erheben, welches nach § 12, II KartellVO. an die Entscheidung gebunden ist, und der Reichswirtschaftsminister kann bei dem Kartellgericht ein Ordnungsstrafverfahren nach § 17 KartellVO. einleiten.

Die **Besetzung des Kartellgerichts** wird dahin abgeändert, daß die vier Beisitzer in Zukunft aus zwei Reichswirtschaftsgerichtsräten und zwei sachverständigen Beisitzern bestehen. Die neu zu ernennenden Reichswirtschaftsgerichtsräte müssen in Zukunft die Fähigkeit zum Richteramte haben.

Artikel 1.

Die Verordnung gegen Mißbrauch wirtschaftlicher Machtstellungen vom 2. November 1923 (Reichsgesetzbl. I S. 1067, 1090) wird wie folgt geändert:

1. Hinter § 9 werden die folgenden §§ 9a und 9b eingefügt:

§ 9a.

Der Vorsitzende des Kartellgerichts oder die nach § 9 Abs. 4 zuständige Stelle kann auf Antrag eines Beteiligten eine Entscheidung nach § 9 ändern, wenn sich die Verhältnisse wesentlich verändert haben, die für die Entscheidung maßgebend waren; § 9 Abs. 5 gilt entsprechend.

§ 9b.

Wird eine in § 9 Abs. 1 bezeichnete Maßnahme ohne Einwilligung ergriffen, so hat das Kartellgericht auf Antrag des Betroffenen festzustellen, ob die Vorschrift des § 9 Abs. 1 verletzt ist.

2. § 11 Abs. 3 erhält folgende Fassung:

Die Beisitzer bestimmt der Präsident des Reichswirtschaftsgerichts. Zwei Beisitzer sind Reichswirtschaftsgerichtsräte. Die zwei weiteren Beisitzer sind einer Vorschlagsliste sachverständiger Beisitzer zu entnehmen, die der Reichswirtschaftsminister unter Berücksichtigung der verschiedenen Wirtschaftszweige und des Gemeinwohls aufstellt.

3. Im § 18 ist hinter „§§ 8," einzufügen: „9a, 9b," und an die Stelle von „7 bis 10" zu setzen: „7 bis 9, 10".

Artikel 2.

1. Für die beim Inkrafttreten des Artikels 1 bereits ernannten Reichswirtschaftsgerichtsräte gilt nicht § 5

Kolibri 360 GmbH
Ferdinand-Jühlke-Straße 7
99095 Erfurt, Deutschland
produktsicherheit@kolibri360.de